国学启智课

诗 赋

余亚斐 ———— 编著

全国百佳图书出版单位

ART TIME 时代出版传媒股份有限公司

安徽人民出版社

图书在版编目(CIP)数据

国学启智课·诗赋 / 余亚斐编著. —合肥 :安徽人民出版社; 2019.4

ISBN 978 - 7 - 212 - 10500 - 6

Ⅰ.①国… Ⅱ.①余… Ⅲ.①国学–青少年读物 Ⅳ.①Z126-49

中国版本图书馆 CIP 数据核字(2019)第 063225 号

国学启智课·诗赋

余亚斐 编著

出 版 人:杨迎会   出版统筹:徐佩和   责任印制:董 亮
责任编辑:李 莉 肖 琴   装帧设计:宋文岚

出版发行:安徽人民出版社 http://www.ahpeople.com
　　　　合肥市政务文化新区翡翠路 1118 号出版传媒广场八楼
　　　　邮编:230071
　　　　营销部电话:0551-63533258 0551-63533292(传真)
印　　刷:合肥华云印务有限公司

开本:710mm×1010mm   1/16   印张:10   字数:160 千
版次:2019 年 4 月第 1 版   2024 年 5 月第 4 次印刷

ISBN 978 - 7 - 212 - 10500 - 6   定价:32.00 元

导读

习近平总书记说:"博大精深的中华优秀传统文化是我们在世界文化激荡中站住脚跟的根基。"他还在文艺工作座谈会上提出"要结合新的时代条件传承和弘扬中华优秀传统文化"。开展国学教育是传承和弘扬中华优秀传统文化的重要途径。

国学的产生距离今天已经久远,时代变了,社会状况、思想文化要求以及人们的行为习惯也都发生了巨大变化。所以,今天的人们在面对浩如烟海的国学典籍时,经常面临着如何走进国学、鉴别国学和学习国学的难题。《国学启智课》这套书正是在反思、回应这些难题。作者从事国学教学、研究多年,深知国学学习的要点和难点,精心编写了此套简明易学、一看就懂的国学丛书,帮助读者深入经典、启发智慧、涵养性情、完善人格。

全文译注,扫清障碍。大多数的国学典籍由文言写成,文言所使用的字义基本是汉语的原初意义,随着时间的推移,汉字的意义在不断引申和延展,很多与现代汉语已经大相径庭。现代人读起古文来,自然会产生陌生感,又容易望文生义,做出错误的理解,所以,我们初学国学,需要借助一定的注释和翻译。《国学启智课》为每一篇古文配有译文,对古文中的难字都加上了拼音和注释,为读者走进国学扫清文字上的障碍。

回归经典,关照现实。中国历史悠久,每一个时期都产生大量的典籍,有些国学典籍中的思想内容可以跨越时空的距离,在今天仍然发挥着积极作用,还有一些则已经不再适用于当代社会生活,甚至相违背,所以,学习国学,需要以理性的态度对国学典籍加以鉴别和选择。《国学启智课》以国学经典为基点,以当代精神为视域,从国学经典中挑选出两百余篇古文,力图在回归经典的同时,关照现实,做到经世致用。

经史子集,多元开放。国学是丰富而多元的,既有经学的道德智慧、诸子的多元思想,还有厚重而不失趣味的历史记载、优美而动人心弦的诗词歌赋,国学正是在百家争鸣、百花齐放中散发着格外的魅力。由此,《国学启智课》根据传统典籍经、史、子、集四部分类法,将全书分为德行、史事、智慧和诗赋四卷,以开放多元的视角,全面展现国学的思想内容。

转识成智,身心和谐。国学是知识,更是智慧。学习国学,不仅仅是掌握古文的字义、熟读古代文献、了解历史常识,更应当在知识的学习中提升人生的修养与智慧。如果只做知识上的表面文章,学习国学便是舍本求末了,所以我们还需要努力地化知识为德性,化理论为智慧,让传统文化活在当下,服务现实的人生,促进身心和谐,达到人生的幸福。

目 录

第一课　诗经·北山　…001

第二课　诗经·子衿　…004

第三课　诗经·相鼠　…006

第四课　诗经·羔裘　…008

第五课　诗经·伐檀　…010

第六课　诗经·竹竿　…013

第七课　《离骚》节选　…015

第八课　吊屈原赋　…018

第九课　招隐士　…021

第十课　《长门赋》节选　…025

第十一课　归田赋　…029

第十二课　短歌行　…032

第十三课　七哀诗　…035

第十四课　兰亭集序　…038

第十五课　归去来兮辞　　　　　　　…042

第十六课　归园田居　　　　　　　　…046

第十七课　《饮酒》二首　　　　　　…048

第十八课　木兰诗　　　　　　　　　…051

第十九课　登江山孤屿　　　　　　　…055

第二十课　石壁精舍还湖中作　　　　…057

第二十一课　庐山东林杂诗　　　　　…060

第二十二课　王维诗二首　　　　　　…062

第二十三课　燕歌行　　　　　　　　…065

第二十四课　将进酒　　　　　　　　…069

第二十五课　独坐敬亭山　　　　　　…072

第二十六课　早发白帝城　　　　　　…074

第二十七课　茅屋为秋风所破歌　　　…076

第二十八课　观公孙大娘弟子舞剑器行　…080

第二十九课　韩愈诗二首　　　　　　　　…083

第三十课　西塞山怀古　　　　　　　　　…086

第三十一课　柳宗元诗二首　　　　　　　…088

第三十二课　琵琶行　　　　　　　　　　…091

第三十三课　杜牧诗二首　　　　　　　　…096

第三十四课　李商隐诗二首　　　　　　　…100

第三十五课　破阵子　　　　　　　　　　…104

第三十六课　虞美人　　　　　　　　　　…107

第三十七课　雨霖铃　　　　　　　　　　…109

第三十八课　水调歌头·明月几时有　　　…112

第三十九课　念奴娇·赤壁怀古　　　　　…114

第四十课　《如梦令》二首　　　　　　　…117

第四十一课　一剪梅　　　　　　　　　　…120

第四十二课　李清照诗二首　　　　　　　…122

第四十三课　满江红 …125

第四十四课　水龙吟·登建康赏心亭 …128

第四十五课　正气歌 …131

第四十六课　山坡羊·潼关怀古 …136

第四十七课　青衫湿遍·悼亡 …138

第四十八课　蝶恋花·出塞 …141

第四十九课　捕蝗曲 …143

第五十课　子才子歌示庄念农 …147

第 一 课

诗经·北山

陟彼北山,言采其杞。 陟:登高,音 zhì。

偕偕士子,朝夕从事。 偕偕:强壮的样子。

王事靡盬,忧我父母。 靡:消失。盬:停止,音 gǔ。

溥天之下,莫非王土。 溥:普遍,音 pǔ。

率土之滨,莫非王臣。 率土之滨:四海之内。率:依循。

大夫不均,我从事独贤。 贤:艰难,劳苦。

四牡彭彭,王事傍傍。 牡:公马,周时用四马驾车。彭彭:形容马奔波不息。傍傍:形容急忙无休止。

嘉我未老,鲜我方将。 鲜:称赞。方将:正壮。

旅力方刚,经营四方。 旅力:体力。旅:同"膂",脊梁骨,音 lǚ。

或燕燕居息,或尽瘁事国。 燕燕:悠闲的样子。

或息偃在床,或不已于行。 偃:仰卧。

或不知叫号,或惨惨劬劳。 叫号:叫呼号召。惨惨:忧虑憔悴的样子。劬:过分辛劳,音 qú。

或栖迟偃仰,或王事鞅掌。 栖迟:游乐休息。鞅掌:事务繁忙的样子。

或湛乐饮酒,或惨惨畏咎。 湛:同"耽",沉溺,音 dān。

或出入风议, 或靡事不为。　　风议:放言高论。

译 文

爬上高高的北山, 采摘山上的枸杞。

身强力壮的士子, 从早到晚要工作。

王的差事没尽头, 忧愁父母没人顾。

普天之下所有地, 无处不是王疆土。

四海之内所有人, 无人不是王臣子。

大夫分派不均匀, 只有我事最艰辛。

四匹雄马奔不息, 王事紧急不得停。

夸我此时正年轻, 赞我身体强又壮。

我的体力正强壮, 派我操劳走四方。

有的人安逸生活, 有的人竭尽全力。

有的人卧床休息, 有的人工作不停。

有的人不必听令, 有的人憔悴辛劳。

有的人游乐休息, 有的人事务繁忙。

有的人饮酒享乐, 有的人愁苦畏责。

有的人放言高论, 有的人亲力亲为。

理 解

《诗经》是中国第一部诗歌总集, 主要收集了周初至春秋中叶的作品, 作者包括从贵族到平民的社会各层人士。先秦时称为《诗》, 经过孔子的整理, 共有三百零五首, 简称"《诗》三百"。到了汉朝, 尊《诗》为经, 于是有《诗经》的称呼。

这首诗出自《诗经·小雅·北山》,描写了士阶层的辛劳和压抑,揭露了不合理的社会等级制度。在周朝,人完全是按照血缘关系的远近亲疏来规定地位的尊卑。士为"四民"之首,是地位最低的贵族,他们往往各具本领,却得不到社会的重用,更受到上层贵族的役使和压迫,诗歌表达了他们的抱怨和不满。

国 学 常 识

1.小雅:《诗经》按风、雅、颂分为三类。雅,正也,指朝廷王室的乐调。雅分为大雅和小雅,大雅的作者主要是上层贵族,小雅的作者既有上层贵族,也有下层贵族和地位低微的人。

2.士子:周朝将官员分为卿、大夫和士三等,士的级别最低,是低级官员的通称。士也是"四民"(士农工商)之首,国家事务大多是由士来完成的。

第 二 课
诗经·子衿

青青子衿,悠悠我心。　衿:衣领,音jīn。悠悠:长久地,形容忧思。

纵我不往,子宁不嗣音?　宁:岂,难道。嗣音:保持音信。嗣:连续。

青青子佩,悠悠我思。

纵我不往,子宁不来。

挑兮达兮,　挑:同"佻",轻巧。达:放任。挑达:形容与人往来相见的样子。

在城阙兮。　城阙:城门两边的瞭望台。

一日不见,如三月兮。

译 文

青青的是你的衣领,久久地牵挂着我的心。

纵然我不能前往,为何你不保持音信?

青青的是你的佩带,长长的是我的思念。

纵然我不能前往,为何你不能前来?

我轻快尽情地奔向城门,

在城楼上盼望着你的归来。

一天没有与你相见,如同隔了三月啊!

理 解

反映爱情婚姻生活的诗作,在《诗经》中占有很大比重。其中既有反映男女相思相爱的情歌,也有反映婚嫁、家庭生活的家庭诗,还有表现婚姻不幸给妇女带来痛苦的弃妇诗。

这首诗出自《诗经·国风·郑风》,是一首情诗,描写了一个女子在城楼上等候她的恋人,表达了她对恋人的思念之情。青色的衣领和佩带是恋人的衣饰,这些衣饰给她留下深刻的印象,每每想到这些,都会带给她无尽的怀念与依恋。自己因为受阻不能前往,便去抱怨恋人不能前来,这种女子特有的幽怨更加真切地传达出浓浓的爱意。当恋人即将前来,爱情中的女子一下子变得轻快起来,无所顾忌地尽情奔向高台。一日不见,犹如三月,相思度日如年。

国 学 常 识

1.国风:《诗经》按风、雅、颂分为三类。风即音乐曲调,国是地区的意思,国风即各地区的乐调。

2.青衿:青色交领的长衫,古代学子的常服。

第 三 课
诗经·相鼠

相鼠有皮,人而无仪。　　相:察看,判断。

人而无仪,不死何为?

相鼠有齿,人而无止。　　止:行止,品行。

人而无止,不死何俟?　　俟:等待,音 sì。

相鼠有体,人而无礼。

人而无礼,胡不遄死?　　遄:快,迅速,音 chuán。

译 文

你看老鼠有皮,这人却毫无威仪。

人没有威仪,活着还能有什么作为?

你看老鼠有牙齿,这人却不知羞耻。

人不知羞耻,活着还能做什么有价值的事?

你看老鼠有身体,这人的言行却不守礼。

人的言行不合礼,活着还有什么意义?

理 解

本篇出自《诗经·国风·鄘风》,是一首反对丧乱、针砭时政的怨刺诗,讽刺不劳而获、贪得无厌的人,揭露了统治者的无耻与丑恶,表达了民众的怨愤和不平。

诗歌将老鼠与人相比:老鼠有皮,威仪是人的外表;老鼠有齿,人要知羞耻;老鼠有身体,人的言行也要以礼为根本。老鼠常常代表着丑陋和猥琐,老鼠过街,人人喊打,但是如果人丢掉了良知,不知晓、不遵守礼义廉耻,就会连老鼠都不如。

国 学 常 识

1.鄘风:鄘地民歌。鄘(yōng),周代诸侯国名。

第 四 课

诗经·羔裘

羔裘逍遥,狐裘以朝。

岂不尔思? 劳心忉忉。　忉忉:忧愁焦虑的样子。忉:音 dāo。

羔裘翱翔,狐裘在堂。

岂不尔思? 我心忧伤。

羔裘如膏,日出有曜。　膏:有光泽的脂膏。曜:照耀,明亮,音 yào。

岂不尔思? 中心是悼。　悼:悲痛,哀伤。

译 文

穿着羊皮衣去逍遥,穿着狐皮袍来上朝。

怎不让人为你担心? 想得心里充满忧劳。

穿着羊皮衣去游逛,穿着狐皮袍在朝堂。

怎不让人为你担心? 想得心里充满忧伤。

羊皮衣色泽如脂膏,太阳一照明亮闪耀。

怎不让人为你担心? 想得心里充满哀伤。

这首诗出自《诗经·国风·桧风》,批评了君王不以国事为重,整天奢侈生活、游手好闲,导致国势日渐衰微,也表达了臣子深切而无奈的心痛感受。

《诗经》中的作品,最初主要用于典礼、讽谏和娱乐,是周代礼乐文化的重要组成部分,是实行教化的重要工具。

国 学 常 识

1.桧风:东周初年桧国遗民创作的一组亡国诗。桧,春秋国名,西周末年,桧君骄奢淫逸,后被郑国所灭。

第 五 课
诗经·伐檀

坎坎伐檀兮,寘之河之干兮。　　坎坎:伐木声。寘:同"置",放置。干:河岸,音 gān。

河水清且涟猗。　　涟:水面被风吹起的波纹,音 lián。猗:犹"兮",音 yī。

不稼不穑,　　稼:播种。穑:收割,音 sè。

胡取禾三百廛兮?　　廛:古代度量单位,同"缠",相当于"束""捆",音 chán。

不狩不猎,　　狩:冬天打猎。猎:夜晚打猎。

胡瞻尔庭有县貆兮?　　瞻:看。县:同"悬",悬挂。貆:幼小的貉,音 huán。

彼君子兮,不素餐兮!　　素餐:白吃饭,不劳而获。

坎坎伐辐兮,寘之河之侧兮。　　辐:车轮中的直木,音 fú。

河水清且直兮。

不稼不穑,胡取禾三百亿兮?　　亿:束。

不狩不猎,胡瞻尔庭有县特兮?　　特:三岁的兽。

彼君子兮,不素食兮!

坎坎伐轮兮,寘之河之漘兮。　　漘:水边,音 chún。

河水清且沦猗。　　沦:水上的波纹。

不稼不穑,胡取禾三百囷兮?　囷:束,音 qūn。

不狩不猎,胡瞻尔庭有县鹑兮?　鹑:鹌鹑,音 chún。

彼君子兮,不素飧兮!　飧:晚饭,音 sūn。

译　文

砍伐檀树的声音坎坎啊,放置在河的岸边。

河水清清微波连啊。

不耕种也不收割,

为何能收获三百束的谷子?

不冬狩也不夜猎,

为何却看到你庭园内挂着貉肉?

那真正的君子啊,是不会白吃闲饭的!

砍树做车辐的声音坎坎啊,放置在河的一侧。

河水清清笔直流啊。

不耕种也不收割,为何能收获三百束的谷子?

不冬狩也不夜猎,为何却看到你庭园内挂着兽肉?

那真正的君子啊,是不会白吃闲饭的!

砍树做车轮的声音坎坎啊,放置在河的水滨。

河水清清起波纹啊。

不耕种也不收割,为何能收获三百束的谷子?

不冬狩也不夜猎,为何却看到你庭园内挂着鹌鹑肉?

那真正的君子啊,是不会白吃闲饭的!

这首诗出自《诗经·国风·魏风》，反映了社会下层劳动人民对上层统治者不劳而获的不满，也表达了对自食其力的君子的期盼。

河水清清，微波连连，劳动本身是美好的，但是在剥削的社会制度下，劳动人民的劳动果实被统治者无偿地占有，统治者依靠特权不劳而获，劳动者付出艰辛的劳动却日益贫穷。谁能拯救他们呢？人民呼唤着真正的君子，因为真正的君子大公无私，心怀百姓，从来不会不劳而食。

国学常识

1.魏风：《诗经》十五国风之一，主要收集的是魏国的诗作。魏，国名，西周初年的诸侯国，后被晋国所灭。

第 六 课

诗经·竹竿

籊籊竹竿,以钓于淇。　　籊籊:长而尖细,音tì。淇:水名,淇水,音qí。

岂不尔思,远莫致之。

泉源在左,淇水在右。　　泉:水名,流入淇水。

女子有行,远兄弟父母。

淇水在右,泉源在左。

巧笑之瑳,佩玉之傩。　　巧笑:形容美人的笑容。瑳:玉色鲜白,形容巧笑的样子,音cuō。傩:姿态柔美,音nuó。

淇水滺滺,桧楫松舟。　　滺滺:水流动的样子,音yōu。桧:桧木,音guì。楫:船桨,音jí。

驾言出游,以写我忧。　　言:语气助词,常用于句中或句首。写:抒发。

译 文

钓鱼竹竿长又尖,用来垂钓淇水边。

心中哪能不思念,只是遥遥不能见。

泉水汇入自左边,淇水流出向右边。

姑娘自从出嫁后,兄弟父母难会面。

淇水流出向右边，泉水汇入自左边。

嫣然一笑玉齿露，身着玉佩姿翩翩。

淇河之水长长流，桧树做楫松做舟。

驾着轻舟来出游，用来抒发心中忧。

理 解

本篇出自《诗经·国风·卫风》，表达了一位女子思念家人的心情。诗中淇水、泉水，以及在水边钓鱼的游戏，都是少女心中珍藏的往事，如今女子已经远嫁卫国，在思亲怀乡的时候，这些过往的情景便与此刻的心情一同宣泄而出。

国 学 常 识

1.卫风：《诗经》十五国风之一，先秦时卫国地方民歌，共十篇。

第七课
《离骚》节选

屈 原

跪敷衽以陈辞兮，耿吾既得此中正。 敷:铺展,摆开,音 fū。衽:衣襟,音 rèn。耿:光明。

驷玉虬以乘鹥兮， 驷:四马之车,这里作动词,驾。虬:传说中有角的龙,音 qiú。鹥:传说中的凤凰,音 yì。

溘埃风余上征。 溘:忽然,音 kè。

朝发轫于苍梧兮， 发轫:拿掉支住车轮的木头,使车子开始行动,引申为出发。轫:音 rèn。苍梧:地名,舜所葬的地方。

夕余至乎县圃。 县圃:传说中神仙居处,在昆仑山顶。县:古同"悬"。

欲少留此灵琐兮，日忽忽其将暮。 灵琐:神的宫门。忽忽:匆匆。

吾令羲和弭节兮， 羲和:古代神话中太阳的车夫。弭:停止,音 mǐ。节:鞭子。

望崦嵫而勿迫。 崦嵫:山名,传说太阳落入的地方,音 yān zī。

路曼曼其修远兮，吾将上下而求索。 曼曼:同"漫漫",长而远。修:长。

饮余马于咸池兮， 咸池:太阳沐浴的神池。

总余辔乎扶桑。 总:系扎。辔:御马的缰绳,音 pèi。扶桑:神树名,传说是太阳栖息的地方。

折若木以拂日兮，聊逍遥以相羊。 若木:神树名。拂:拂拭。聊:姑且。相羊:漫游,徘徊。

前望舒使先驱兮，后飞廉使奔属。 望舒:传说中为月神驾车的御者。飞廉:风神。奔属:奔跑跟随。

鸾皇为余先戒兮， 古代传说中的神鸟,音 luán。皇:即"凤"。

雷师告余以未具。　雷师：传说中掌管打雷的神。

吾令凤鸟飞腾兮，继之以日夜。

飘风屯其相离兮，　飘风：旋转风。屯：聚集。离：通"丽"，附丽，依附。

帅云霓而来御。　云霓：云与虹。

纷总总其离合兮，斑陆离其上下。　总总：纷乱的样子。斑：灿烂多彩。陆离：色彩绚丽繁杂。

吾令帝阍开关兮，　帝阍：替天帝守门的人。阍：守门人，音 hūn。

倚阊阖而望予。　阊阖：传说中的天门，音 chāng hé。

时暧暧其将罢兮，　暧暧：昏暗的样子。暧：音 ài。

结幽兰而延伫。　结：寄情。幽兰：兰花芳香浓郁，但生长在偏远幽深的山谷之中，无人知晓。延伫：久立。伫：音 zhù。

世溷浊而不分兮，好蔽美而嫉妒。　溷浊：污浊。溷：肮脏，音 hùn。

译文

铺展衣襟跪下述说，坚守中正心中光明。

驾着玉龙乘坐凤车，尘风忽起引我上天。

早晨出发离开苍梧，今晚来到昆仑悬圃。

本想暂留于此神山，怎奈日轮匆匆入暮。

我叫羲和停止扬鞭，期盼太阳不急落山。

前方的路还很漫长，我将上下追求探索。

坐骑玉龙饮水咸池，缰绳拴在神树扶桑。

折若木枝拂拭太阳，权当逍遥漫步闲逛。

月御望舒在前引路，风神飞廉奔跑相随。

鸾凰为我戒严开道，雷师告我准备未全。

下令凤鸟使其飞腾，夜以继日飞行不停。

旋风聚集相互依附，率领云虹前来抵御。

纷乱繁杂若即若离,灿烂多彩变化万千。

我叫门卫快开天门,阍人倚门望我不言。

天色昏暗一日将尽,寄情幽兰久久等待。

世界污浊好坏不分,遮蔽善良嫉妒美好。

理 解

本篇是《楚辞·离骚》的节选,作者屈原。屈原,战国时期楚国人,名平,字原,又名正则,字灵均,中国历史上第一位诗人,中国浪漫主义文学的奠基人,楚辞的创立者和代表作家,被誉为"辞赋之祖""中华诗祖"。楚辞和《诗经》共同构成了中国诗歌史的源头。楚国文化特殊的美学特质,以及屈原曲折的政治经历和卓异的个性品质,使得屈原成为中国文学史上第一位伟大的诗人。

楚国崇尚巫鬼,楚辞也大多与祭神有关,充满了奇异的浪漫色彩。楚国是战国中期领土最大的国家,但到了屈原的时候,政治越来越黑暗,奸臣当道,并逐渐走向没落。屈原在这种艰难的政治环境中,虽心怀抱负,对自己的理想和行为充满信心,却遭到排斥和流放。他对祖国的衰落及自己遭到的不公正待遇充满了哀怨,不得已而借诗歌倾泻。

国 学 常 识

1.《楚辞》:西汉刘向编辑的一部古代诗歌总集,将战国楚人屈原、宋玉以及汉代淮南小山、东方朔、贾谊等人的辞赋编辑成书,以屈原作品为主。因为诗歌主要运用楚地的文学样式、方言声韵和风土物产,具有浓厚的地方色彩,所以名为《楚辞》。

2.离骚:遭受忧愁。离,同"罹",遭受。骚,忧愁。

第八课
吊屈原赋

贾 谊

恭承嘉惠兮,俟罪长沙。
恭承:恭敬奉行。嘉惠:敬辞,称别人所给予的恩惠。俟:等待,音 sì。

侧闻屈原兮,自湛汨罗。
侧闻:谦词,从旁听闻。湛:湛没,沉没,音 zhàn。汨罗:江名。汨:音 mì。

造托湘流兮,敬吊先生。
造:到。托:寄托。吊:悼念死者。

遭世罔极兮,乃殒厥生。
罔:无。殒:死,音 yǔn。厥:其,他的。

呜呼哀哉兮,逢时不祥!

鸾凤伏窜兮,
鸾凤:鸾鸟和凤凰,比喻贤能的才俊之士。鸾:传说中凤凰一类的鸟,音 luán。伏窜:藏匿。

鸱鸮翱翔。
鸱鸮:猫头鹰一类的鸟,比喻小人,音 chī xiāo。

阘茸尊显兮,
阘茸:地位卑微或品格卑鄙的人。阘:音 tà。

谗谀得志。
谗:在别人面前说陷害某人的坏话。谀:谄媚,奉承,音 yú。

贤圣逆曳兮,方正倒植。
逆曳:反向牵引,指不得顺道而行。曳:音 yè。植:立,树立。

谓随夷溷兮,
随:卞随。夷:伯夷。溷:混浊,音 hùn。

谓跖蹻廉。
跖:春秋时的大盗,音 zhí。蹻:庄蹻,音 qiāo。

莫邪为钝兮,
莫邪:宝剑名。邪:音 yé。

铅刀为铦。
铅刀:以铅制成的刀,因为不锐利,所以用来比喻才力微薄。铦:锋利,音 xiān。

于嗟默默,生之亡故兮! 　于嗟:叹息之辞。于:同"吁",音 xū。默默:不得意的样子。

斡弃周鼎, 　斡:转,音 wò。周鼎:周朝的鼎器,喻栋梁之才。鼎:古代视为立国的重器,是政权的象征。

宝康瓠兮。 　康瓠:空空的壶,比喻腹中空空的庸才。康:空。瓠:壶,音 hù。

腾驾罢牛,骖蹇驴兮。 　罢:通"疲",衰弱。骖:驾三匹马,音 cān。蹇:跛,音 jiǎn。

骥垂两耳,服盐车兮。 　骥:好马,比喻贤才,音 jì。服:驾,乘。

章甫荐履,渐不可久兮。 　章甫:古代的一种礼帽。荐:草垫子。履:鞋子,也有践踏的意思。

嗟苦先生,独离此咎兮。 　离:古同"罹",遭受。咎:灾祸。

译 文

恭敬奉行朝廷的恩惠,我被贬到长沙受罪。

从旁听说屈原,自沉汨罗江而死。

我到了这里寄托于湘江,恭敬地凭吊屈原先生。

您遭到了世间无尽的谗言,毁灭了自己的生命。

哎呀悲哀啊,您遭遇的时代不好啊!

鸾鸟凤凰纷纷藏匿,猫头鹰却在高空翱翔。

卑鄙小人地位尊显,诬谀之徒获得成功。

贤才能臣不能顺道而行,正直之士反被贬低。

错认卞随和伯夷混浊,盗跖和庄蹻清廉。

妄谈莫邪剑粗钝,铅刀锋利。

慨叹抱负无法施展,您却无故遭遇灾祸!

就好像转而丢弃周鼎,以空壶为宝。

骑着疲惫的牛奔驰,驾着跛足的驴车行进。

良马精神低落,因为被拉去运载盐。

礼帽成为草垫被鞋子践踏,如此下去国家不能长保。

叹息先生真是命苦,竟遭遇这样的灾祸。

本篇是《吊屈原赋》选段,作者贾谊。贾谊(公元前200—前168年),西汉初年著名的政论家、文学家,世称贾生。贾谊少有才名,汉文帝时任博士、太中大夫,后来在朝廷遭到排挤,降职为长沙王太傅,三年后被召回长安,为梁怀王太傅。梁怀王坠马而死,贾谊深自歉疚,抑郁而亡,时仅三十三岁。

贾谊是现今有作品传世的第一位汉代赋作家。《吊屈原赋》是汉文帝四年(公元前176年)所作,当时贾谊被贬为长沙王太傅,途经湘水,历经屈原放逐之地,伤悼屈原,并感同身受,觉得自己与屈原同病相怜。所以此赋既是悼人,也是自悼。

国 学 常 识

1.赋:汉代最具代表性、最能彰显其时代精神的一种文学样式。它远承《诗经》,近仿《楚辞》,兼收战国纵横之文的铺引恣肆之风和先秦诸子作品的相关要素,是兼具各家最后综合而成的一种新文体。

2.卞随:汤时的廉士,汤以天下让而不受。

3.伯夷:商末孤竹国君王的长子,既不愿与商纣王合作,也不赞同周武王以武力伐纣,最后饿死。

4.庄蹻:战国时楚国将领,楚王命他开辟云南,后来因为秦楚战争,道路中断,他便自己在云南做王,背叛楚国。

5. 莫邪:古代传说中的宝剑名,因铸造者干将的妻子叫莫邪而得名,后泛指宝剑。

第九课
招隐士

淮南小山

桂树丛生兮山之幽，偃蹇连蜷兮枝相缭。

偃蹇：屈曲婉转的样子。蹇：音 jiǎn。缭：缠绕。

山气龍嵸兮石嵯峨，

龍嵸：山气弥漫的样子，音 lóng sǒng。嵯峨：山势高峻的样子。嵯：音 cuó。

溪谷崭岩兮水曾波。

崭：古同"巉"，山势高峻，音 chán。曾：古同"层"。

猿狖群啸兮虎豹嗥，

狖：长尾猿，音 yòu。嗥：野兽吼叫，音 háo。

攀援桂枝兮聊淹留。

聊：姑且。淹留：久留。

王孙游兮不归，春草生兮萋萋。

萋萋：草茂盛的样子。萋：音 qī。

岁暮兮不自聊，

不自聊：无法苟且，不能忍受，形容心情烦乱。

蟪蛄鸣兮啾啾。

蟪蛄：夏蝉，音 huì gū。啾啾：虫鸣声，形容凄凉、急切。

坱兮轧，山曲岪，

坱：尘埃，音 yǎng。轧：拥挤，音 yà。岪：山势曲折，音 fú。

心淹留兮恫慌忽。

恫：恐惧，音 dòng。慌忽：不真切，形容前途渺茫。

罔兮沕，憭兮栗，虎豹穴，

罔：迷惑，失意。沕：隐没，音 mì。憭：凄凉，音 liáo。

丛薄深林兮人上栗。

嵚岑碕礒兮，

嵚岑：山势高险，音 qīn cén。碕礒：山石怪异，音 qí yǐ。

碅磳磈硊。

碅磳：山石高耸险峻，音 jūn zēng。磈硊：山石险峻，音 kuǐ guì。

树轮相纠兮,林木茷骫。 轮:回旋,缠绕。茷:草木茂盛,音 fá。骫:聚集,音 wěi。

青莎杂树兮, 青莎:植物名,莎草。

蘋草靃靡。 蘋草:一种似莎草而比莎草大的草。蘋:音 fán。靃靡:细密而分散。靃:音 huò。

白鹿麇麚兮,或腾或倚。 麇:同古"麇",指獐子,音 jūn。麚:公鹿,音 jiā。

状貌峉峉兮峨峨, 峉峉:高高的样子。峉:音 yín。峨峨:高耸的样子。

凄凄兮漇漇。 凄凄:沾湿的样子。漇漇:沾濡湿润的样子。漇:音 xǐ。

猕猴兮熊罴,慕类兮以悲。

攀援桂枝兮聊淹留,虎豹斗兮熊罴咆。

禽兽骇兮亡其曹。 曹:群体。

王孙兮归来!

山中兮不可以久留。

译 文

桂树丛生啊山谷幽幽,枝条弯弯啊互相缠绕。

山气弥漫啊岩石险峻,

高山耸立啊溪水激荡。

猿猴群啸啊虎豹咆哮,

攀上桂树啊贤士隐居。

贤士隐居啊不愿归返,春草茂盛啊满山遍野。

一到年末啊心情烦乱,

夏天蝉叫啊声音悲哀。

尘土啊飞扬,山路险阻,

隐居山中啊前途渺茫。

迷惘啊失意,凄凉啊恐惧,处处是虎洞豹穴,丛林深处啊,让人战栗。

山势险峻啊,

山石怪异。

树枝纠缠啊,草木茂密。

莎草丛生啊,

蘋草遍地。

白鹿獐子啊,或奔或息。

高高的犄角啊耸立,

皮毛润泽啊如洗。

猕猴啊熊罴,呼唤同伴啊悲啼。

攀上桂树啊贤士隐居,虎豹争斗啊熊罴咆哮。

飞禽走兽受惊啊四处散逃。

贤人啊归来!

深山之中啊不是久留地。

 理 解

　　这篇诗赋是淮南小山的《招隐士》。在汉代,士人归隐的现象十分普遍,而官府招揽隐士的活动也同样频繁。文章通过对隐士所居山林的幽深险恶的描写,劝说贤士们结束隐士生活,回到人间社会。

　　《招隐士》是淮南文学群体中仅存的一篇辞赋,也是两汉骚体赋中极富意境的一篇,在汉代独具一格,备受后人推崇。朱熹说:"此篇视汉诸作最为高古。"王夫之说:"其可以类附《离骚》之后者,以其音节局度,浏漓昂激,绍楚辞之余韵,非他词赋之比。"

国 学 常 识

1.骚体赋：汉赋中的一种，从楚辞中发展而来，形式上模仿屈原《离骚》。

2.淮南小山：西汉淮南王刘安门客中文学群体的共称。

第 十 课
《长门赋》节选

司马相如

日黄昏而望绝兮,怅独托于空堂。

悬明月以自照兮,徂清夜于洞房。　　徂:往,音 cú。

援雅琴以变调兮,奏愁思之不可长。

案流徵以却转兮,　　案:同"按",弹奏。流徵:徵音的流转变化。徵:古代五音之一,音 zhǐ。

声幼妙而复扬。　　幼妙:同"要妙",精微美好的样子。

贯历览其中操兮,意慷慨而自卬,　　卬:古同"仰",激励。

左右悲而垂泪兮,涕流离而从横。　　流离:眼泪滴落。从横:同"纵横"。

舒息悒而增欷兮,踪履起而彷徨。　　悒:忧愁,音 yì。欷:抽泣,音 xī。踪:拖着,音 xǐ。彷徨:徘徊不前。

揄长袂以自翳兮,数昔日之愆殃。　　揄:拉,引,音 yú。袂:袖子,音 mèi。翳:遮掩,音 yì。愆:罪过,音 qiān。

无面目之可显兮,遂颓思而就床。

抟芬若以为枕兮,　　抟:把东西揉成团,音 tuán。芬若:香草名。

席荃兰而茝香。　　荃、茝:皆香草名。荃:音 quán。茝:音 chǎi。

忽寝寐而梦想兮,魄若君之在旁。　　寐:睡着,音 mèi。魄:魂魄,指梦境。

惕寤觉而无见兮,　　惕:疾速。寤:睡醒,音 wù。

魂迁迁若有亡。 迁迁：恐惧的样子。迁：古同"恇"，惊恐，音 kuāng。

众鸡鸣而愁予兮，起视月之精光。

观众星之行列兮， 行列：排列的次第，水平的称"行"，垂直的称"列"。

毕昴出于东方。 毕、昴：皆星名。昴：音 mǎo。

望中庭之蔼蔼兮，若季秋之降霜。 蔼蔼：幽暗的样子。蔼：音 ǎi。季秋：深秋，秋天的第三个月。

夜曼曼其若岁兮，怀郁郁其不可再更。 曼曼：同"漫漫"，漫长。郁郁：形容忧伤苦闷。

澹偃蹇而待曙兮， 澹：摇动的样子，形容殷切期盼，音 dàn。偃蹇：伫立。蹇：音 jiǎn。

荒亭亭而复明。 荒：荒芜，形容孤单。亭亭：直立的样子。

妾人窃自悲兮，究年岁而不敢忘。

译文

日近黄昏绝望的长夜啊，忧伤只能寄托在这空空的屋堂。

只有天上的明月可以面对啊，照向那清冷暗夜里的洞房。

扶着瑶琴弹那别样的曲调啊，

奏出忧伤来愁思不能地久天长。

琴声转换曲调啊，声音美妙而高扬。

曲调贯穿着爱的贞操啊，情意慷慨而激昂。

身边的官女闻声而悲伤垂泪啊，眼泪滴落成纵横。

抒发哀叹和忧愁却越发引人哭泣啊，拖着鞋站起身迷惘彷徨。

举衣袖遮住挂泪的脸庞啊，懊悔过去犯下的罪殃。

没有面目再见您啊，意志消沉地走向床。

芬若抟成的枕头啊，

用荃、兰、茝制成的席散发着幽香。

忽然进入梦乡啊，好像郎君就在我的身旁。

蓦然惊醒原来都是虚幻啊,

心里恐慌好像灵魂都要消亡。

群鸡啼鸣让我忧愁啊,抬头望天还能看到月光。

看那星辰横亘苍穹啊,

毕星与昴星已行至东方。

望那庭院月光幽暗啊,好像深秋降下了寒霜。

夜晚漫长得好像一年啊,心中苦闷过去的不可变更。

心中殷切期盼着曙光啊,

孤苦伶仃地等待天明。

我独立伤悲啊,一生都不敢将您忘。

理 解

　　本篇摘选自《长门赋》后半段,作者司马相如。司马相如,字长卿,蜀郡成都人,少时好读书,喜击剑,汉景帝时任武骑常侍,不得志,后来游学于梁国,成为梁园文学群体中的一员。汉武帝时,广征贤良,司马相如得以复用。司马相如是汉代成就最高的辞赋家。

　　《长门赋》写了陈皇后被废之后的生活与心情。陈皇后叫陈阿娇,是汉武帝刘彻的第一任皇后。她擅宠娇贵,十余年而无子,后来妒忌武帝新宠卫子夫,终因巫蛊之事被废,幽居于长门宫,抑郁凄伤。她听说司马相如的文章冠绝天下,于是用重金求一赋,表达自己对武帝眷恋思念的情感,以期能够重新得到武帝的宠爱。《长门赋》将宫廷女子失宠后的那种卑微屈辱而又梦寐望幸的哀怨心情刻画得深细入微,在汉赋中的地位很高,可以说是两汉骚体赋中最具情境的一篇,后来被《昭明文选》列为"哀伤"类首篇。

国 学 常 识

1.梁园文学:西汉时以梁孝王刘武、司马相如等为中心而形成的文学创作群体,对汉代文学的发展起到重要的推进作用。

2.《昭明文选》:又称《文选》,收录了自周代至六朝梁以前一百三十多位作者的七百余篇诗文,是中国现存的最早一部诗文总集,由南朝梁武帝的长子萧统组织文人共同编选。由于萧统死后谥号为"昭明",所以这部文选被称作《昭明文选》。

第十一课
归田赋

张　衡

游都邑以永久，无明略以佐时。 都邑：东汉京都洛阳。明略：明智的谋略。佐时：辅佐当世之君治理国家。

徒临川以羡鱼，俟河清乎未期。 徒：只，仅仅。俟：等待，音 sì。

感蔡子之慷慨，从唐生以决疑。 蔡子：蔡泽。慷慨：志气昂扬。唐生：唐举。

谅天道之微昧，追渔父以同嬉。 谅：推想。

超埃尘以遐逝，与世事乎长辞。 遐：远。

于是仲春令月，时和气清。 仲春：春季的第二个月。令月：阴历二月。

原隰郁茂，百草滋荣。 原隰：平原和低下的地方。隰：音 xí。

王雎鼓翼，鸧鹒哀鸣。 王雎：又叫雎鸠，一种水鸟。雎：音 jū。鸧鹒：黄莺的别名，音 cāng gēng。

交颈颉颃， 交颈：脖子相交，指动物间亲昵的行为。颉颃：鸟飞上飞下，跳跃的样子，音 xié háng。

关关嘤嘤。 关关、嘤嘤：形容鸟鸣的声音。嘤：音 yīng。

于焉逍遥，聊以娱情。

尔乃龙吟方泽，虎啸山丘。 尔乃：于是。方：大。

仰飞纤缴，俯钓长流。 缴：系在箭上的丝绳，音 zhuó。

触矢而毙，贪饵吞钩。

落云间之逸禽，悬渊沉之鲨鰡。

鲨鰡：一种小鱼，常伏在水底沙上。鰡：音 liú。

于时曜灵俄景，继以望舒。

曜灵：太阳。俄：倾斜。景：同"影"。望舒：传说中给月神驾车的御者，借指月亮。

极般游之至乐，虽日夕而忘劬。

般游：游乐。般：音 pán。劬：疲倦，音 qú。

感老氏之遗诫，将回驾乎蓬庐。

弹五弦之妙指，咏周、孔之图书。

指：通"旨"。

挥翰墨以奋藻，陈三皇之轨模。

翰墨：笔墨。藻：华丽的言辞。轨模：法度。

苟纵心于物外，安知荣辱之所如。

如：去，往。

译 文

在京都做官时间已久，没有高明的谋略去辅佐皇帝。

只能在河边羡慕鱼肥味美，可不知何时才能等到黄河水清。

感慨蔡泽壮志不能如愿，找唐举相面来解决心中之疑。

推想天道微妙难通，只愿与渔夫一样在山川游戏。

超越那尘世的烦恼远远离去，与世间的杂务长期分离。

在这仲春二月，处处洋溢着温暖的气息。

平原和低洼之地，草木繁荣茂密。

鱼鹰扇动着翅膀，黄莺在婉转啼鸣。

鸟儿交颈亲昵，在空中跳跃嬉戏，

鸣叫不停。

这里可以使身心逍遥，姑且娱乐一下心情。

于是我在大湖旁如龙一般吟唱，在山丘上如虎一般长啸。

向天上射出箭矢，往河里抛下钓钩。

飞鸟被射中毙命，鱼儿因贪吃上钩。

白云间落下了正欲逃逸的鸟儿，水底下钓起了伏在沙石上的小鱼。

不多时夕阳西下,月亮当空。

游乐已到了极致,即使到了夜里也不知疲倦。

想到老子留给后人的训诫,就该驾车回到住处。

弹奏五弦琴音中的妙韵,诵读周公、孔子的文章。

提笔挥墨创作佳文,陈述三皇的法度和仪轨。

如果我的内心不受外物的影响,又怎么知道荣辱的所在呢。

理 解

《归田赋》是张衡所作的一首抒情小赋,写于其晚年准备辞官归隐时。作者厌倦了仕途,开始探寻和营造理想的生活空间和精神家园,返回生命的本真。

从西汉晚期到东汉早期,京都赋兴盛。京都赋以歌颂大城市的风物建筑为主,盛赞城市的富庶和繁华,体现了诗人对政治的关切与积极入世的精神,代表作有扬雄的《蜀都赋》、班固的《两都赋》和张衡的《二京赋》等。在汉代大赋流行之时,还有另一股"清风"存在,那就是如《归田赋》一样的田园小赋,它们展现了诗人对仕途的厌倦与失望,回归内心感受,表达了对自然生活、真实本性的向往。《归田赋》第一次在文学中描写了田园隐居的乐趣,开辟了以赋来书写田园生活的路径,促进了汉代诗赋文学的革新,标志着汉赋从京都大赋向抒情小品赋的重要转变。

国 学 常 识

1.张衡:字平子,东汉时期伟大的天文学家、数学家、发明家、地理学家、文学家。在文学上,张衡与司马相如、扬雄、班固并称为"汉赋四大家"。

2.蔡泽:战国时燕国人,善辩多智,曾游说诸侯,不遇良缘,不被重用。

3.唐举:战国时梁国人,以善相术著名,蔡泽在不得志时,曾请唐举看相。

第十二课
短 歌 行

曹 操

对酒当歌,人生几何！　　当:面对着。

譬如朝露,去日苦多。

慨当以慷,忧思难忘。

何以解忧？唯有杜康。

青青子衿,悠悠我心。　　衿:古代读书人衣服上的衣领。悠悠:长久的样子。

但为君故,沉吟至今。　　沉吟:深思低吟。

呦呦鹿鸣,食野之苹。　　呦呦:形容鹿的鸣叫声。苹:青蒿。

我有嘉宾,鼓瑟吹笙。　　笙:管乐器名,竹制,音 shēng。

明明如月,何时可掇。

忧从中来,不可断绝。

越陌度阡,　　陌:田间东西方向的小路。阡:田间南北方向的小路。阡陌:田间小路。

枉用相存。　　枉:屈就。存:访问,问候。

契阔谈宴,心念旧恩。　　契阔:久别的情怀。

月明星稀,乌鹊南飞。

绕树三匝,何枝可依?　匝:周,绕一圈。

山不厌高,海不厌深。

周公吐哺,天下归心。　吐哺:殷勤地求取贤士。

译文

一边喝酒,一边高歌,人生短暂,日月如梭。

好比晨露,转瞬即逝,苦于失去的时日实在太多。

饮酒歌唱,激昂慷慨,忧郁长久,填满心窝。

靠什么来排解忧闷?唯有酒方可解脱。

那穿着青领的学子哟,你们令我朝夕思慕。

只是因为您的缘故,让我沉思低吟至今。

鹿群呦呦欢鸣,啃食着野外的青蒿。

一旦四方贤才光临舍下,我将奏瑟吹笙宴请嘉宾。

当空悬挂的皓月哟,夜晚何时才可以度过呢。

我久蓄于怀的忧愤,从来都不曾断绝。

远方的宾客踏着田间小路,

屈驾前来探望我。

彼此久别重逢,谈心宴饮,将往日的情谊来诉说。

月光明亮,反照得星辰稀疏,一群乌鹊向南飞去。

绕树飞了三圈也没有停下,哪个枝头才是它们的栖身之地呢?

高山不辞土石才见巍峨,大海不弃涓流才见壮阔。

我愿如周公一般礼贤下士,愿天下的英杰真心归顺于我。

理解

　　这是三国时曹操的一首四言诗。诗歌既表达了作者对人生苦短、事业难成的感慨,又表现出对学士贤才的渴求,展现了曹操的人格、学养和抱负。

　　曹操非常重视人才,曾颁布"求贤令",吸纳人才。文中"青青子衿,悠悠我心"两句,出自《诗经·郑风·子衿》,是师长厚望学子惜时来学的意思,曹操借此来比喻自己思念贤才。"呦呦鹿鸣,食野之苹。我有嘉宾,鼓瑟吹笙"四句出自《诗经·小雅·鹿鸣》,表达了诗人求贤既得后的竭诚欢迎。曹操借诗言志,希望效法周公,在众多贤士的辅助之下,辅佐汉室复兴,平治天下。

国学常识

　　1.曹操:字孟德,沛国谯县(今安徽亳州)人,东汉末年著名的文学家、诗人、政治家、军事家,曹魏政权的奠基人,建安文学的领袖。

　　2.杜康:相传是周代善于酿酒的人,后来"杜康"成了酒的代称。

第十三课
七哀诗

王 粲

西京乱无象， 西京：长安，西汉时的国都。象：法令，章法。

豺虎方遘患。 遘：通"构"，构成，造成，音 gòu。

复弃中国去，委身适荆蛮。 委身：以身相托。荆蛮：荆州，在南方，古代中原地区的人称南方民族为蛮，故称荆蛮。

亲戚对我悲，朋友相追攀。 追攀：追逐拉扯，表示依依不舍。

出门无所见，白骨蔽平原。 蔽：遮，挡。

路有饥妇人，抱子弃草间。

顾闻号泣声，挥涕独不还。 顾：回头看。

"未知身死处，何能两相完？" 完：保全。

驱马弃之去，不忍听此言。

南登霸陵岸，回首望长安。 霸陵：汉文帝刘恒的陵墓。岸：高坡，高冈。

悟彼下泉人，喟然伤心肝。 喟然：叹息、叹气的样子。喟：音 kuì。

译 文

西汉都城长安一片混乱,豺虎一样的逆贼给国家百姓造成灾难。

我告别了中原的乡土,只能把一身托付给遥远的南方荆州。

送行时亲戚悲伤,朋友追着马车,攀着车把,依依不舍。

走出门一无所见,只有堆堆白骨覆盖着郊原。

路上有一位饥饿的妇人,将怀中的孩儿抛弃在了草丛间。

妇人听到孩儿哭声,忍不住回头望,终究洒泪离去,没有返回。

自言道:"我自己还不知道死在何处,怎么能让母子保全?"

我赶紧策马离去,不忍再听见这伤心的语言。

登上霸陵继续向前,回头远望长安。

领悟了《下泉》诗人思念贤君的心情,不由得伤心遗憾。

理 解

王粲的诗歌感情深沉,慷慨悲壮,本为贵公子出身,却遭乱流寓,使他格外地感物兴怀、忧世悲己。此诗写于初平三年(公元192年),当时董卓部将李傕(què)、郭汜(sì)作乱长安,诗人前往荆州避难,写下途中所见所闻。诗歌首先概括了战乱中生灵涂炭的惨相,然后具体描写一位饥妇人被迫无奈抛弃亲生骨肉的场面,揭露了战争给人民带来的灾难。

国 学 常 识

1.王粲:字仲宣,山东人,东汉末年著名的文学家、诗人,"建安七子"之一,与曹植并称"曹王"。

2.董卓:字仲颖,东汉末年的军阀,利用汉末战乱和朝廷势弱,占据京城,废汉少帝立汉献帝,并挟持号令。

3.《下泉》:《诗经·曹风》中一首诗的诗名,诗中表达了曹国人民对贤明君王的怀念。

第十四课
兰亭集序

王羲之

永和九年,岁在癸丑(干支,古代的计年方法,这里指公元353年。癸:天干之一,音 guǐ。丑:地支之一),暮春(春天的最后一个月)之初,会于会稽山阴之兰亭,修禊(古代传统风俗,季春时,到水边嬉游,消灾祈祷,后来演变成中国古代的文人雅聚。禊:音 xì)事也。群贤毕至,少长咸集。此地有崇山峻岭,茂林修(长,高)竹,又有清流激湍,映带左右,引以为流觞(酒杯,音 shāng)曲水,列坐其次。虽无丝竹管弦(泛指音乐)之盛,一觞一咏,亦足以畅叙幽情(深远高雅的情思)。

是日也,天朗气清,惠(柔和)风和畅。仰观宇宙之大,俯察品类之盛,所以游目骋怀,足以极视听之娱,信(果真,的确)可乐也。

夫人之相与,俯仰(低头和抬头之间,比喻时间很短)一世,或取诸怀抱,悟言一室之内,或因寄所托,放浪形骸之外。虽趣(通"取")舍万殊,静躁不同,当其欣于所遇,暂得于己,快然(自足的样子。快:音 yàng)自足,不知老之将至。及其所之既倦,情随事迁,感慨系之矣。向(从前)之所欣,俯仰之间,已为陈迹,犹不能不以之兴怀。况修短随化,终期于尽。古人云:"死生亦大矣。"岂不痛哉!

　　每览昔人兴感之由,若合一契(符契,古代的一种信物,在符契上刻上字,剖成两半,各执一半,作为凭证),**未尝不临文嗟悼**(忧叹哀伤),**不能喻之于怀。固知一死生为虚诞,齐彭殇**(音 shāng)**为妄作。后之视今,亦犹今之视昔。悲夫! 故列叙时人,录其所述,虽世殊事异,所以兴怀,其致一也。后之览者,亦将有感于斯文。**

译 文

　　永和九年,在癸丑这一年的三月初,我们会聚在会稽郡山阴县的兰亭,举行雅集。众多贤才都在这里,年龄大的小的都集于此地。这里有高峻的山峰、茂密的竹林,又有清澈湍急的溪流,辉映环绕在亭子的四周,我们引溪水作为流觞的曲水,排列坐在曲水旁边。虽然没有演奏音乐的盛况,但饮酒作诗,也足以畅谈高远的情思了。

　　这一天,天气晴朗,空气清新,和风温暖。仰观宇宙的浩大,俯瞰大地众多的万物,远眺开怀,足以尽兴视听的欢娱,实在很快乐。

　　人与人之间,在这短暂的一生,有的人将世界融于一心,在室内畅谈自己的感悟,有的人将自己的情怀寄托在事物之上,放浪不羁地生活。虽然人们舍取不同、静躁不一,但当他们遇到了某事而感到高兴,便能得到一时的自在,觉得圆满自足,连衰老到来了都察觉不到。等到对所处的境遇感到厌倦,感情随着事情的变化而变化,感慨也随之产生。从前所喜爱的,转瞬间成为过去,也不能不因此而引发心中的感触。况且寿命的长短,听凭自然的造化,最终都归于虚无。古人说:"死与生都是大事。"怎能不让人悲伤呢?

　　每当看到前人所发感慨的缘由,与自己就好像是一张符契那样相合,总是在读书的时候叹息哀伤,不能释怀。在我看来,庄子所说的"一死生"一定是虚幻荒诞的,所说的"齐彭殇"是胡编乱造的。后人看待今人,就好像今人看待前人。可悲啊! 所以我要将来参加集会的人一个一个都记下来,录下他们所作的诗篇,虽然时代会变迁、事情有不同,但触发人们感慨的缘由是一致的。后人读到这些诗文时,也将会有所感慨。

理　解

本篇诗文名为《兰亭集序》,作者是晋代王羲之。公元 353 年,王羲之与当时名士谢安、孙绰等四十二人在浙江绍兴西南兰渚山上的兰亭举行雅集,在山水之间,饮酒作赋,挥毫泼墨,直抒胸臆。雅集共成诗三十七首,编成《兰亭集》,《兰亭集序》是王羲之为《兰亭集》所作之序。《兰亭集序》既体现了王羲之对道家思想的继承,在生命境界上崇尚自然,任性率真,又表现了他不满足于思想境界上的逍遥,对生命的有限与无常充满了悲叹,并通过儒家式的"立言"来寄托生命的遗憾。

王羲之不仅是文学家,更是中国最著名的书法家之一,被誉为"书圣"。所以,其手书的《兰亭集序》不仅是文学名篇,还有"天下第一行书"之称,在中国书法史上具有崇高的地位。

国 学 常 识

1.永和:东晋皇帝晋穆帝司马聃的第一个年号,公元 345—356 年。

2.山阴:位于今天的绍兴。

3.流觞曲水:亦称"曲水流觞",是古代的一种饮宴风俗,众人围坐在回环弯曲的水流边,将漆器做成的轻质酒杯置于上流,任其顺水漂流,酒杯漂到谁的跟前,谁就取杯饮酒,再作诗吟唱。

4.一死生:庄子的观点,他认为生死都只是自然的变化,一物有生有死,然天地却无生无死,以自然天道来观万物,万物生死循环,实则又无生无死,所以人们应该平等地看待生死,不因生而喜,不因死而悲。

5.齐彭殇:庄子的观点,他认为长寿与短命都是相对的,对于自然而言,事物的长寿与短命都是一刹那,对于自我的生命来说,不管是长寿,还是短命,都是自然的造化,也都是完整的全体,所以人们应该平等地看待这些差别。彭,指彭祖,传说中的长寿之人。殇,指未成年而夭折的人。

第十五课
归去来兮辞

陶渊明

归去来兮,田园将芜胡不归？　芜:土地不耕种而荒废。

既自以心为形役,奚惆怅而独悲？　奚:为什么。惆怅:悲愁,失意。

悟已往之不谏,知来者之可追。　谏:匡正,挽回。

实迷途其未远,觉今是而昨非。

舟遥遥以轻扬,风飘飘而吹衣。

问征夫以前路,恨晨光之熹微。　征夫:行人。熹微:天刚亮阳光微薄的样子。

乃瞻衡宇,载欣载奔。　衡:同"横",横木,古代贫穷的人以横木为门。宇:房屋

僮仆欢迎,稚子候门。

三径就荒,松菊犹存。　三径:小路,后来比喻隐士居处。就:马上,将要。

携幼入室,有酒盈樽。　樽:古代盛酒的器具,音 zūn。

引壶觞以自酌,眄庭柯以怡颜。　觞:古代酒器,音 shāng。酌:饮酒,音 zhuó。眄:看,望,音 miǎn。柯:树枝。

倚南窗以寄傲,审容膝之易安。　审:知道。容膝:仅容两膝,形容居室狭小。

园日涉以成趣,门虽设而常关。　涉:游览。

策扶老以流憩,　扶老:竹名,即扶竹,因为可为杖,所以称为扶老,又叫扶老竹。流憩:散步或休息。憩:音 qì。

时矫首而遐观。　　矫:高举。遐:远。

云无心以出岫,鸟倦飞而知还。　　岫:峰峦,音 xiù。

景翳翳以将入,抚孤松而盘桓。　　景:日光。翳翳:昏暗的样子。翳:音 yì。盘桓:徘徊不前。

归去来兮,请息交以绝游。

世与我而相违,复驾言兮焉求?　　驾言:代指外出交游。

悦亲戚之情话,乐琴书以消忧。　　情话:发自内心的话,即知心话。

农人告余以春及,将有事于西畴。　　畴:田地。

或命巾车,或棹孤舟。　　巾车:设有帷幔的车。棹:划船,音 zhào。

既窈窕以寻壑,亦崎岖而经丘。　　窈窕:幽深的样子,音 yǎo tiǎo。

木欣欣以向荣,泉涓涓而始流。　　涓涓:细水缓流的样子。

善万物之得时,感吾生之行休。已矣乎!

寓形宇内复几时,曷不委心任去留?　　曷:何,音 hé。

胡为乎遑遑欲何之?　　遑遑:惊慌不安的样子。

富贵非我愿,帝乡不可期。　　帝乡:仙境。

怀良辰以孤往,或植杖而耘耔。　　植:通"置",安放。耘耔:翻土除草。耔:音 zǐ。

登东皋以舒啸,临清流而赋诗。　　皋:水边的高地,音 gāo。

聊乘化以归尽,乐夫天命复奚疑!

译文

回去啊,田园快要荒芜了,为什么不回去呢?

既然自己的心灵曾被外物所奴役,为什么还要失意而独自伤悲?

认识到过去的错误已经无法挽回,知道未来的事情还可以追求。

误入歧途还不算太远,已觉悟到现在的做法是对的,而曾经的行为是错的。

小船在水上轻轻飘荡,微风吹拂着衣裳。

向行人打听前方的路,遗憾的是天还没有大亮。

看到自己简陋的家门,心中欢喜,奔跑而去。

孩子们有的出来迎接,有的在门前守候。

小路快要荒芜了,松树菊花还长在那里。

带着孩子们进了屋,美酒已经盛满了酒樽。

拿起酒壶自斟自饮,观赏着庭园中的树枝,神色愉快。

靠着南窗寄托着我的傲世之情,深知这狭小之地易使我心安。

每日在田园中散步成为我的乐趣,门常常关闭。

拄着竹杖走走歇歇,时而抬头远观。

白云自然而然地从山峰飘浮而出,鸟飞累了也知道飞回巢中。

黄昏来了,太阳即将落下,手抚着孤松,流连不忍离去。

回去啊,我要断绝与外界的交游。

世人与我的志趣不合,我还要驾车外出做什么呢?

跟亲戚朋友谈心使人愉悦,弹琴读书让我忘记忧愁。

农夫把春天到了的消息告诉我,我将去西边的田里把地耕。

有时驾着有帷幕的小车,有时划着一条小船。

既要探寻那幽深的沟壑,又要走过那高低不平的山丘。

树木欣欣向荣,泉水自源头缓缓地流。

羡慕自然界的万物生逢其时,感叹自己的一生行将告终。算了吧!

身体寄托于天地间还能有多少时候? 何不一任本心,听凭生死去留?

何必惊慌不安地去竞争追求?

富贵不是我所求,成仙也没有希望。

只爱那良辰美景独自欣赏,要么放下竹杖去翻土除草。

登上东边水旁的高地放声长啸,傍着清清的溪流把诗歌吟唱。

姑且顺随自然的变化走向生命的尽头,知命乐天,又有什么可疑虑的呢!

理 解

《归去来兮辞》的作者是陶渊明,描绘了他脱离仕途、回归田园的生活状态,表现了他崇尚自然与安贫乐道的人生境界。这篇辞赋流传千古,在文学史上的地位崇高,欧阳修曾说:"晋无文章,惟陶渊明《归去来兮辞》一篇而已。"

东晋建立后的数十年间,玄言诗成为诗坛的主流,诗歌成为老庄玄理的注疏,陶渊明却将诗歌与日常生活相结合,把自然提升为一种美的至境,开创了田园诗这种新的诗歌流派。陶渊明的诗歌清高耿介、洒脱恬淡、质朴率真,成为后世士大夫的精神家园。

国 学 常 识

1.陶渊明:又名潜,字元亮,号五柳先生,东晋时期诗人、辞赋家,中国第一位田园诗人,被称为"古今隐逸诗人之宗"。

2.田园诗:一种文学体裁,由陶渊明正式开创,主要描写农村自然风光的恬美、农夫生活的简朴和农耕劳作的甘苦,表达诗人对仕途的厌倦与对自然的向往,抒发悠然自得的心境。

第十六课
归园田居

陶渊明

少无适俗韵，性本爱丘山。　　韵：气韵，趣味。

误落尘网中，一去三十年。　　尘网：世俗的羁绊，这里指仕途官场。三十年：夸张的说法，陶渊明当官只有十多年。

羁鸟恋旧林，池鱼思故渊。　　羁：束缚，拘束。

开荒南野际，守拙归园田。　　际：郊野。拙：质朴，与世俗的机巧相对。

方宅十余亩，草屋八九间。　　方：周围，四旁。

榆柳荫后檐，桃李罗堂前。　　荫：遮蔽阳光。罗：排列，广布。

暧暧远人村，依依墟里烟。　　暧暧：朦胧隐约的样子。暧：音 ài。依依：轻柔上升的样子。墟里：村落。

狗吠深巷中，鸡鸣桑树颠。

户庭无尘杂，虚室有余闲。　　户庭：家门以内的庭院。尘杂：人世间的烦琐事务。虚室：俭朴没有装饰的居室。

久在樊笼里，复得返自然。　　樊笼：鸟笼，比喻束缚不得自由。

046

译 文

年少时没有世俗趣味,天性中热爱田园自然。

不小心落入仕途官场,离开田园已经十多年。

笼中鸟依恋往日山林,池中鱼向往过去深渊。

去南边郊野开垦荒地,保持着拙朴回归园田。

房子四周有十余亩地,还有那茅草屋八九间。

榆柳树荫遮到屋后檐,桃子和李子放满堂前。

远处的村舍依稀可见,村落里飘着袅袅炊烟。

深巷中传来几声狗叫,桑树顶上清晨鸡啼唤。

庭院内没有尘世喧杂,陋室里充满安适悠闲。

长久被困在樊笼之中,今日总算重新返自然。

理 解

陶渊明的《归园田居》共五首,这里摘选其中的第一首。《归居田居》是中国五言田园诗的开山与典范。晋安帝义熙元年(公元405年),陶渊明弃官彭泽县令,最终归田。在第二年的春夏之交,陶渊明作《归园田居》五首,表达了他脱身仕途的轻松之感。

国 学 常 识

1.五言诗:古代诗歌体裁之一,是指每句五个字的诗体。五言诗是古典诗歌的主要形式。

2.晋安帝:司马德宗,字安德,东晋的第十位皇帝,公元397—419年在位。

第十七课
《饮酒》二首

陶渊明

一

结庐在人境，而无车马喧。　结：构。庐：房舍。

问君何能尔？心远地自偏。　心远：寄心邈远。

采菊东篱下，悠然见南山。　悠然：闲适自得的样子。南山：庐山。

山气日夕佳，飞鸟相与还。　相与：结伴。

此中有真意，欲辨已忘言。　真意：自然的意趣。

译文

居住在人世间，却不受车马的烦喧。

问我如何做到这些？寄心邈远，地方不管在哪都会偏。

在东边的竹篱下采菊花，闲适间远方的庐山映入眼帘。

山中气息和傍晚的夕阳十分美好，我与飞鸟结伴归还。

这里面蕴涵着自然的意趣，想要辨识，却忘记了语言。

理 解

《陶渊明集》共收有《饮酒》诗二十首,此篇诗文是陶渊明《饮酒》中的一篇。陶渊明闲居时,爱独自饮酒,喝醉后便写诗,自娱自乐。

这首诗展现了陶渊明对隐居的态度和理解,体现了他追求自由、顺应自然的人生哲学与中道境界。魏晋时期,隐逸之风极盛,隐士们改变了过去逃于江海之上、深山之中以避世的方式,转而追求心境上的超然无累,而不再执着于外在形迹。如果内心清净不喧,即使生活在市朝之中也能得到自然的意趣。此外,诗歌还表达了魏晋玄学对"言""意"关系的理解,言不尽意,得意而忘言。

◀◀ 二 ▶▶

有客常同止,趣舍邈异境。 同止:同居。趣:通"取"。邈:遥远。

一士常独醉,一夫终年醒。

醒醉还相笑,发言各不领。

规规一何愚,兀傲差若颖。 规规:见识短浅的样子。兀傲:倔强不随俗。
兀:音 wù。差:尚,略。颖:聪明。

寄言酣中客,日没烛当秉。 酣:酒喝得很畅快,音 hān。

译 文

有两人同居一处,但志趣与境界相差巨大。

一位经常独自喝醉,一位终年保持清醒。

这两位相互讥笑,对方讲的话,谁也听不进去。

清醒的这位精明计较见识短浅，醉酒的这位倔强狂放反而聪颖。

告诉那些喜爱饮酒的人，日落后应该秉烛夜饮。

理　解

中国有久远的酒文化，诗人对酒的赞美在其中起到重要的推动作用。陶渊明爱酒，许多受到道家思想影响的隐士也大多爱酒。

道家认为，世俗所追求的名誉、利益、地位，以及存在的各种各样的观念差别都是人为的，是不真实的，只有泯灭这些社会文化造成的等级差别，超越这些人为的是非善恶的判断，才能回到真实，也才能得到真性与自由。而酒可致醉，在醉酒时，世俗的名利、争端以及由此带来的烦恼能一下子放下，在昏昏沉沉之中，一个人卸掉了自己理性的伪装与机巧，变得真实，人与人之间的隔阂也得到了消解，各种是非分别界限得以超越，人情也因此变得温暖。所以，醉酒虽然只是一时的感觉，但它所代表的意象，与道家所追求的混沌无我的境界却有着相近之处。

国 学 常 识

1.《陶渊明集》：南朝梁昭明太子萧统搜集陶渊明遗世作品，编为《陶渊明集》，共七卷。

第十八课 木兰诗

唧唧复唧唧,木兰当户织。　　唧唧:叹息声。当户:面对着门。

不闻机杼声,唯闻女叹息。　　机杼:织布机。杼:织布的梭子,音zhù。

问女何所思,问女何所忆。

女亦无所思,女亦无所忆。

昨夜见军帖,可汗大点兵　　军帖:军中的文书。汗:音hán。点兵:军队召集兵士。

军书十二卷,卷卷有爷名。　　爷:父亲。

阿爷无大儿,木兰无长兄。

愿为市鞍马,从此替爷征。　　市:买。鞍马:马和马具。

东市买骏马,西市买鞍鞯。　　鞯:垫马鞍的垫子,音jiān。

南市买辔头,北市买长鞭。　　辔头:马笼头。辔:音pèi。

旦辞爷娘去,暮宿黄河边。

不闻爷娘唤女声,但闻黄河流水鸣溅溅。　　溅溅:流水声。溅:音jiān。

旦辞黄河去,暮至黑山头。　　黑山:阴山,在今天内蒙古西部。

不闻爷娘唤女声,但闻燕山胡骑鸣啾啾。

051

万里赴戎机，关山度若飞。 　戎机：战场。关山：关隘与山峰，比喻路途遥远或行路困难。

朔气传金柝，寒光照铁衣。 　朔气：北方的严寒之气。金柝：军用铜器，白天用以烧饭，夜晚用来打更报时。柝：音 tuò。

将军百战死，壮士十年归。

归来见天子，天子坐明堂。 　明堂：帝王举行聚会的殿堂。

策勋十二转，赏赐百千强。 　策勋：把功勋记录在简策上。十二转：功勋每升一级叫一转，这里表示功勋极高。强：有余。

可汗问所欲，木兰不用尚书郎。 　尚书郎：官名。

愿驰千里足，送儿还故乡。

父娘闻女来，出郭相扶将。 　郭：外城。扶将：搀扶。

阿姊闻妹来，当户理红妆。 　姊：姐姐，音 zǐ。

小弟闻姊来，磨刀霍霍向猪羊。 　霍霍：形容磨刀急速的声音。

开我东阁门，坐我西阁床。

脱我战时袍，着我旧时裳。

当窗理云鬓， 　云鬓：形容女子鬓发盛美如云。鬓：靠近耳朵的头发，音 bìn。

对镜贴花黄。 　花黄：古代女子的面部装饰品。

出门看火伴，火伴皆惊忙。 　火伴：古代打仗时，以十人为一火，同灶而食，称为"火伴"，即今天的战友。

同行十二年，不知木兰是女郎。

雄兔脚扑朔，雌兔眼迷离。 　扑朔：跳跃的样子。迷离：眼眯缝的样子。

双兔傍地走，安能辨我是雄雌。 　傍：靠近。

译文

叹息声一声接着一声，木兰对着房门把布织。

听不见织布机的声音，只听见木兰在叹息。

问木兰有什么可思考，有什么可惦记。

木兰说她没什么要思考，没什么要惦记。

昨天晚上看见征兵文书,可汗在大规模召集士兵。

征兵文书有十二卷,每一卷上都有父亲的姓名。

父亲没有大儿子,木兰也没有长兄。

木兰愿意到集市上买来马鞍和马匹,从此替父亲去出征。

在东市买了骏马,在西市买了马鞍和马鞯。

在南市买了辔头,在北市买了长长的马鞭。

早晨离开了父母,晚上宿营在黄河边。

听不见父母呼唤女儿的声音,只听见黄河水声溅溅。

早晨离开了黄河,晚上到达阴山头。

听不见父母呼唤女儿的声音,只听见燕山胡兵战马鸣叫啾啾。

不远万里奔赴战场,翻越关隘与山峰快如飞。

北方的寒气中传来打更声,冷冷的月光映照着战士们的铠衣。

将士们有的身经百战而死,有的十年之后胜利而归。

胜利归来见天子,天子坐在殿堂上。

给木兰记下很大的功勋,得到的赏赐千百金还有余。

可汗问木兰有什么要求,木兰说不愿当尚书郎。

希望骑上千里马,送她回故乡。

父母听说女儿回来了,相互搀扶着到城外迎接她。

姐姐听到妹妹回来了,对着门户打扮梳妆。

弟弟听说姐姐回来了,忙着磨刀宰杀猪羊。

木兰回家打开东房门看看,又坐在西房里的床上。

脱下打仗时穿的战袍,穿上以前女孩子的衣裳。

对着窗户整理漂亮的头发,对着镜子在面部贴上花黄。

走出门看望战友,战友们都显得吃惊慌忙。

一起从军十二年,竟然不知木兰是女郎。

雄兔两只脚时时动弹,雌兔两只眼睛时常眯着。

可当雄雌两兔一起跑的时候,怎能分辨是雄兔还是雌兔呢。

理　解

《木兰诗》是一首北朝民歌,主要围绕着少女木兰的故事展开。木兰改扮男装替父参军,征战沙场,十二年凯旋,辞去朝廷赏赐的官位,回到家里陪伴父母。

《木兰诗》出自北宋郭茂倩编撰的《乐府诗集》,与《玉台新咏》中的《孔雀东南飞》并称"乐府双璧"。乐府诗大多继承《诗经》现实主义传统,作者从自身的现实经历与真切感受出发,加以艺术的加工。乐府诗最大的特点是叙事性,主题大多是当时百姓的日常生活,或是表达爱情的美好,或是控诉社会贫富不均,或是讨论生老病死,或是反映频繁的战争给人民带来的苦难。

国学常识

1.《乐府诗集》:一部中国古代乐府诗歌总集,由北宋郭茂倩所编。乐府,本是古代政府掌管音乐的机关名称,主要任务是制作乐谱、收集歌词和训练音乐人才。后来,人们将乐府机关采集的诗篇称为"乐府"或"乐府诗",于是乐府便由官府名称变成了诗体名称。《乐府诗集》主要辑录了汉魏到唐、五代的乐府诗歌,共五千多首。

2.《玉台新咏》:又名《玉台集》,是南朝梁陈之间的徐陵编纂的一部诗集,共十卷,收录梁之前诗歌共八百六十九篇。

3.可汗:古代北方少数民族最高统领的称号。

第十九课
登江山孤屿

谢灵运

江南倦历览,江北旷周旋。	历:遍,完全。旷:荒废,耽搁。
怀新道转迥,寻异景不延。	迥:远,音 jiǒng。景:时光。
乱流趋正绝,孤屿媚中川。	绝:越过,渡过。
云日相辉映,空水共澄鲜。	
表灵物莫赏,蕴真谁为传。	表:呈现。
想象昆山姿,缅邈区中缘。	缅邈:长久,遥远。区中:人世间,俗世界。
始信安期术,得尽养生年。	

译文

江南景色遍览已倦,江北风光久未观看。

心怀新奇转觉路远,寻求异境时光不延。

穿越激流横渡前行,孤岛秀美立河中间。

白云红日相互辉映,天空江水澄澈新鲜。

灵气显扬俗人不赏,其中神仙谁能流传。

想象昆仑仙人神姿,尘世仙缘实在遥远。

始信安期长生之术,得以享尽养生天年。

理 解

《登江山孤屿》作者谢灵运,描绘了江中孤屿的秀美景色,表现了诗人喜游的性格、怀新寻异心情的迫切,以及对长生久视的向往。

谢灵运,原名公义,字灵运,小名客儿,世称谢客,南北朝时期杰出的诗人、文学家、旅行家,信奉道家思想。在诗歌上,谢灵运开创了山水诗派。在谢灵运之前,中国诗歌以写意为主,自然风光只占从属地位;而在谢灵运的诗中,山姿水态占据了主要地位,注重山水景物的描摹刻画。在结构上,谢灵运的山水诗多采取"叙事—写景—谈玄"的三段式,借山水的灵秀之气,表现老庄的人生态度与生命境界。自谢灵运之后,山水诗成为一种独立的诗歌题材,并日渐兴盛。

国 学 常 识

1.安期生:又称安期,人称千岁翁、安丘先生,师从河上公,黄老道家的传人,道教修仙者。

谢灵运

昏旦变气候,山水含清晖。 清晖:清亮的光辉。晖:光辉,音huī。

清晖能娱人,游子憺忘归。 游子:离家远游的人。憺:安闲舒适,音dàn。

出谷日尚早,入舟阳已微。

林壑敛暝色, 林壑:树林和山谷。敛:收拢,聚焦,音liǎn。暝色:日落时晦暗的夜色。

云霞收夕霏。 霏:飘扬的云气。

芰荷迭映蔚,蒲稗相因依。 芰:菱叶,音jì。迭:交替,更相,音dié。蒲:菖蒲。稗:稗草,音bài。

披拂趋南径,愉悦偃东扉。 偃:仰卧。扉:门扇,引申为屋舍。

虑澹物自轻,意惬理无违。 澹:恬静,音dàn。惬:满足,音qiè。

寄言摄生客,试用此道推。 摄生:养生。

译 文

黄昏与清晨的交替变化了气候,山水之中蕴涵着清亮的光辉。

清亮的光辉使人愉悦,使离家远游的人安闲舒适忘记了返归。

从峡谷中走出来时时间尚早,待到上船时阳光已经昏暗渐微。

树林与山谷聚拢着傍晚的景色,

晚霞的云气凝聚着夕阳轻飞。

菱叶与荷花更相辉映,菖蒲与稗草交织相依。

拨开丛枝繁叶向南边小路行去,归来后愉快地仰卧在东屋之内。

思虑恬静就能放下许多事情,意欲淡泊道理就不会违背。

把这些话送给养生的人,尝试着用这种方法去作为。

理 解

此篇诗歌的作者是谢灵运,大约作于宋文帝元嘉元年(公元 424 年)。当时诗人辞去永嘉太守之职,回到故乡,从石壁精舍到湖中往返一天游玩,从中得到乐趣,并体会出一番道理。

诗歌首先从远处、虚处着眼,描写了山间的气候和景物,以及早晚差异,继而再从细处、实处落笔,生动刻画了重重叠叠的菱叶荷花和互相纠缠着的菖蒲稗草,加之明暗交错的丰富的光影变化,向人们呈现出立体、动态的湖光晚归图。王夫之在《古诗评选》中评论此诗说:"凡取景远者,类多梗概;取景细者,多入局曲;即远入细,千古一人而已。"对此作出了高度评价。按照谢灵运山水诗的一贯结构,诗歌最后表达出诗人游后悟出的玄理,体现了超然物外、随遇而安的道家思想境界。

国 学 常 识

1.宋文帝:刘义隆,南北朝时期刘宋王朝的第三位皇帝,公元 424—453 年在位,年号元嘉。

2.精舍:学堂,书斋,也指清静雅洁的房舍。在佛教与道教中,精舍指精勤修行者所居住的房屋。

　　3.王夫之：字而农,号姜斋,又号夕堂,明末清初人,中国著名的思想家、哲学家、史学家、文学家,晚年隐居在石船山,学者又称他为"船山先生",或王船山。

第二十一课
庐山东林杂诗

慧 远

崇岩吐清气,幽岫栖神迹。　岫:山洞,音 xiù。

希声奏群籁,响出山溜滴。　籁:声响,音 lài。

有客独冥游,径然忘所适。　径然:直走之貌,这里形容任意行走的样子。
适:往,归向。

挥手抚云门,灵关安足辟。　灵关:险要的关隘,在宗教中喻指修行的关键。安足:怎么能够。辟:打开,音 pì。

流心叩玄扃,感至理弗隔。　扃:门闩,喻指佛法宝藏的门户,音 jiōng。

孰是腾九霄,不奋冲天翮。　奋:拍动。翮:鸟的翅膀,音 hé。

妙同趣自均,一悟超三益。　三益:三界,佛教概念。

译 文

高大挺拔的山岩上空气清明,幽深的山洞里还留有神仙的踪迹。

大自然奏着天籁之声,潺潺的溪流声响圆润。

有一人独自体悟天人合一的境界,任意走着,忘记了所去之地。

伸出手来抚摸山门,思索着打开佛法修行的门径。

用灵动的心性去叩击深奥的佛法之门,感悟至深,佛理自见。

怎样才能腾飞至九天之外的净土,而不借助冲向天空的羽翼。

宇宙众理相通无碍,一旦彻悟,便可脱离无边苦海。

这首诗的主要内容是写慧远大师独自游览庐山,触景生情,进而感悟到佛理。慧远并不以诗人自诩,他是一位僧人,一位想参透生命真谛的宗教家,所以,虽然身处优美的景色之中,但是在大师心地的观照下,庐山所呈现出的不光是山色湖光,更是如心灵一般的清明、如天籁一般的空灵的修行之地。

慧远将佛教的世界观融入山水审美中,追求在山水中体悟佛法的真谛,形成了成熟的佛教山水审美观。慧远对谢灵运的山水诗产生了重要影响,在中国山水诗中起到了承前启后的作用。

国学常识

1.慧远:东晋僧人,师从道安法师,后居庐山东林寺,中国佛教净土宗始祖,著名佛教理论家,同时精通儒学,旁通老庄。

2.净土宗:中国佛教的一个宗派,主于念佛往生,因为始祖慧远曾在庐山建立莲社提供往生净土,所以又称为莲宗。

3.三益:众生所居的欲界、色界、无色界。因为三界迷苦如大海一般无边无际,所以又称苦界、苦海。

第二十二课
王维诗二首

鹿　柴

空山不见人，
但闻人语响。　但：只，仅。
返景入深林，　返景：夕照，傍晚的阳光。
复照青苔上。

 译　文

空寂的山谷不见一人，
只听到一阵人语声。
夕阳的余晖映入深林，
又照到林中的青苔上。

理 解

王维是盛唐山水田园诗的代表作家,起初在长安做官,对功名充满热情,后来过上了亦官亦隐的生活,曾先后隐居淇上、嵩山和终南山,并在终南山建辋(wǎng)川别业以隐居。王维深受道家与佛教禅宗影响,空明境界和宁静之美是他的山水田园诗的主要特点。而且,王维还精通音乐,并擅长绘画,所以在他的诗中,常伴有"诗中有画,画中有诗"的意境。

诗中通过一阵人语声,来反衬山谷的寂静,人语过后,空山又复归万籁俱寂;幽静的深林在一线光亮之下,斑斑驳驳的树影照映在青苔上,更加突出了深林的幽静,犹如心灵一般。在心与物的交错之下,暂起波澜,又能随之重返心性,回归恬淡。

国 学 常 识

1.鹿柴:地名。柴(zhài):同"寨",用树木围成的栅栏。鹿柴是王维居住的村墅。

◀◀ 山居秋暝 ▶▶

空山新雨后,天气晚来秋。

明月松间照,清泉石上流。

竹喧归浣女,莲动下渔舟。 浣:洗衣服,音 huàn。

随意春芳歇,王孙自可留。 随意:任凭。王孙:泛指隐士。

译 文

新雨后的山谷空旷清新,初秋傍晚的天气格外凉爽。

明月透过松间映照过来,清澈的泉水划过山石流淌。

竹林传来女子洗衣的喧笑,渔船上莲叶轻缓摇荡。

任凭那春天的花草凋落,山林依然是隐士们的向往。

理 解

这首诗写初秋时节的雨后黄昏的山景,是诗人王维隐居在终南山下辋川别业时所作。题目"山居秋暝"正是表达这个情景,其中的"暝"是日落、天色将晚的意思。王维的诗,特别喜欢用"空"这个字,反映了诗人深受佛教影响,表现了空灵寂静的心境与精神追求。

国 学 常 识

1.王维:字摩诘,号摩诘居士,今山西祁县人,唐代著名诗人、画家,有"诗佛"之称。

第二十三课
燕 歌 行

高 适

汉家烟尘在东北，　　烟尘:烽烟和战场上扬起的尘土,指战火。

汉将辞家破残贼。

男儿本自重横行，　　横行:驰骋纵横。

天子非常赐颜色。　　赐脸色:赏脸,这里指赏赐。颜色:脸色。

摐金伐鼓下榆关，　　摐:敲击,音 chuāng。金:军中金属制成的乐器。
　　　　　　　　　　榆关:山海关的别名,通往东北的要隘。
旌旆逶迤碣石间。　　旌:旗子,音 jīng。旆:旌旗,音 pèi。逶迤:弯曲回
　　　　　　　　　　旋,音 wēi yí。碣石:山名。碣:音 jié。
校尉羽书飞瀚海，　　校尉:武官名。羽书:紧急军事文书。瀚海:大
　　　　　　　　　　沙漠。
单于猎火照狼山。　　单于:古代匈奴君主的称号。单:音 chán。猎火:指
　　　　　　　　　　游牧民族侵扰的战火。狼山:阴山山脉的一部分。

山川萧条极边土，

胡骑凭陵杂风雨。　　凭陵:仗势侵凌。风雨:形容敌兵来势迅猛。

战士军前半死生，

美人帐下犹歌舞。

大漠穷秋塞草腓，　　穷秋:深秋。腓:草木枯萎,音 féi。

孤城落日斗兵稀。

身当恩遇常轻敌，

力尽关山未解围。

铁衣远戍辛勤久，　　戍：守卫边疆，音 shù。

玉箸应啼别离后。　　玉箸：眼泪。箸：音 zhù。

少妇城南欲断肠，

征人蓟北空回首。　　征人：远戍的军士。蓟北：蓟门以北，蓟门是古代的边防要地。

边庭飘飖那可度，　　边庭：边疆。飘飖：飘动的样子，比喻动荡不安的局势。飖：飘扬，音 yáo。

绝域苍茫无所有。　　绝域：极远的地域。

杀气三时作阵云，　　三时：早、中、晚，指一天。阵云：战云。

寒声一夜传刁斗。　　刁斗：军中铜制用具，白天用来炊饭食，夜晚击之以警报。

相看白刃血纷纷，

死节从来岂顾勋。

君不见沙场征战苦，

至今犹忆李将军。

译 文

唐朝边境的东北方起了战火，

将士们辞别家人，要去打败那残忍的边贼。

大丈夫本就应该驰骋沙场，

皇帝又特别给予他们丰厚的奖赏。

敲锣打鼓、浩浩荡荡地开出山海关，

旌旗随着碣石山脉蜿蜒不绝。

校尉的紧急军事文书在沙漠中飞传，

匈奴单于的军队已经到达我狼山。

在这边塞大漠,荒芜萧条,满目凄凉,

匈奴的骑兵仗势欺凌,进攻迅猛。

战士在前线拼杀,有一半死去,无法生还,

而将领营帐里还有美人在载歌载舞。

深秋的大漠草木枯萎,

黄昏映照下的孤城前,士兵越斗越少。

这些将领深受皇家恩惠,却常常轻敌,

虽然尽了力量,却仍旧不能解除匈奴的围困。

士兵们身穿盔甲远赴边疆守卫国土,受苦太久,

与丈夫别离之后,应该有无数女子在家里哭泣吧。

年轻的妇女在南方思念丈夫,凄伤欲断肠,

远征的士兵身在蓟门以北,只能回头遥望。

边疆动荡不安,怎么可以轻易奔赴?

在这极远的空旷之域,毫无生机。

从早到晚战场上都弥漫着杀气,

寒夜里还时常传来刁斗的警报声。

两军阵前,只见雪亮的利刃飞舞,夹杂着血肉纷飞,

以死报国的士兵们哪里还顾得上什么功勋。

你难道没有看见战场是多么残酷和累苦吗?

现在还在思念爱护士兵的常胜将军李广。

理 解

以边塞为题材的诗在唐代极为流行。作为盛唐边塞诗的杰出代表,高适的诗歌在反映现实的深度方面超出许多同时代的诗人。他的诗既有追求不朽功名的高

昂意气,又与冷峻直面现实的悲慨相结合,显现出一种慷慨悲壮之美。

　　唐玄宗开元二十六年(公元 738 年),高适跟随幽州节度使张守珪前往边塞回来时作了这首诗。这首诗深刻表现了当时边塞征战的生活场景,也表现了诗人的多种矛盾。其中既有对男儿自当驰骋沙场、建功立业的英雄气概的倡导,也有对战争带给士兵及其家庭痛苦的深切同情;既颂扬了战士们奋勇杀敌、以死报国的精神,又对将帅的腐化无能、不恤士卒给予了有力的批判。

国学常识

1.《燕歌行》:乐府旧题,属相和歌辞,内容多与边地征戍有关。

2.高适:字达夫、仲武,唐朝著名的边塞诗人,曾任散骑常侍,世称高常侍,与岑参、王昌龄、王之涣合称"边塞四诗人"。

3.李广:西汉著名将领,先祖为秦朝名将李信。李广有勇有谋,多次击退匈奴,令匈奴畏服,称他为"飞将军"。李广为将廉洁,与士兵同吃同饮,爱护士兵,宽缓不苛,深受士兵爱戴。

第二十四课
将 进 酒

李 白

君不见,黄河之水天上来,

奔流到海不复回。

君不见,高堂明镜悲白发, 高堂:对父母的敬称。

朝如青丝暮成雪。 青丝:黑发。

人生得意须尽欢,莫使金樽空对月。 樽:古代盛酒的杯子。

天生我材必有用,千金散尽还复来。

烹羊宰牛且为乐,会须一饮三百杯。 且:今,此。会须:应当。

岑夫子,丹丘生,

将进酒,杯莫停。

与君歌一曲,请君为我倾耳听。

钟鼓馔玉不足贵, 钟鼓馔玉:比喻奢华富贵的生活。馔玉:珍贵美味的饮
                食。馔:吃喝,音 zhuàn。

但愿长醉不复醒。

古来圣贤皆寂寞,惟有饮者留其名。

陈王昔时宴平乐,斗酒十千恣欢谑。 斗:盛酒器,音 dǒu。恣:放纵。
                                  谑:尽兴地游乐,音 xuè。

主人何为言少钱,径须沽取对君酌。 径须:只管。沽:买。酌:饮酒,音 zhuó。

五花马,千金裘, 五花马:毛色有五花纹的马。

呼儿将出换美酒,与尔同销万古愁。 销:同"消",消散。

译 文

你难道没有看见吗?黄河之水好像是从天上倾泻下来,

一路直奔东海,从不回头。

你难道没有看见吗?年迈的父母对着明镜悲叹那白发满头,

早晨还是黑发,到了傍晚却变成如雪一般的白发。

所以在人生得意时要尽情享受欢乐,不要让精美的酒杯无酒,空对明月。

上天造就了我的才干,一定有可用之处,千两黄金花完,还能再次获得。

烹羊宰牛就是为了此时的快乐,当然要痛快地喝上三百杯才行。

岑勋,元丹丘,

快点喝酒,不要停。

我为你们高歌一曲,请你们倾耳细听。

奢华富贵的生活算不上什么珍贵,只愿酒醉绵长不清醒。

自古以来的圣贤都孤独寂寞,只有爱喝酒的人才会留下声名。

陈王曹植当年在平乐观里设宴,喝着名贵的酒,纵情地欢乐。

你为何说我的钱不多呢,只管把酒买来一起喝。

我这有名贵的五花良马,价值千金的皮衣,

让你儿子拿着这些去换美酒,让我们借酒来消除这无尽的忧愁。

理 解

　　这是李白的一首著名长篇歌行。歌行是古代诗歌的一种体裁,在形式上没有严格的规定,其音节、格律一般比较自由,富于变化,最适合李白豪放的性格与当时的心境。

　　这首诗大约写于李白"赐金放还"之后。李白在四十二岁时到长安,受到唐玄宗的赏识,礼遇隆重,供奉翰林。不过,之后在长安的三年生活里,玄宗只是视李白为自己的文学侍从,其"大济苍生"的抱负并未得到实现,加之他放浪形骸的行为,得罪了不少人,遭到诽谤和排挤,最终离开长安。被"赐金放还"后,李白胸中抑郁很深,与好友岑勋在另一位好友元丹丘家中做客,痛饮狂歌,借酒消愁。

国 学 常 识

　　1.《将进酒》:汉乐府诗题,属《鼓吹曲·铙歌》,劝酒歌,内容多是咏唱喝酒放歌之事。

　　2.岑夫子、丹丘生:岑勋和元丹丘,二人都是李白的好友。

　　3.陈王:曹植,曾被封为陈王。

第二十五课
独坐敬亭山

李 白

众鸟高飞尽,

孤云独去闲。　闲:悠闲。

相看两不厌,　厌:满足。

只有敬亭山。

译文

群鸟高飞,消失在天际,

孤零的白云独自去游闲。

此时与我相互观看、彼此不厌的,

只有眼前的敬亭山。

理　解

　　敬亭山,在今天安徽省宣城市内。敬亭山不仅是一个风景优美的地方,更有李白的一段情感寄托于此。李白曾由玉真公主力荐,任唐玄宗时期翰林供奉。玉真公主是唐玄宗李隆基的胞妹,受道教影响,入道为女冠,号持盈法师。入道后,玉真公主云游天下名山,结交有识之士,尤其垂青才华横溢的李白。安史之乱后,玉真公主追寻李白,隐居敬亭山,直至香消玉殒,葬于此山。李白游敬亭山,并视其为知己,其实蕴涵着对玉真公主的深切怀念之情。

国 学 常 识

　　1.李白:字太白,山东人,号青莲居士,又号谪仙人,唐代伟大的浪漫主义诗人,被后人誉为"诗仙",为人豪爽,爱饮酒和交友。

第二十六课
早发白帝城

李 白

朝辞白帝彩云间，　　辞：告别。

千里江陵一日还。　　还：到。

两岸猿声啼不住，　　住：停止，歇下。

轻舟已过万重山。

译文

清晨，我告别彩云缭绕的白帝城，

顺流而下，千里之遥的江陵，一天便可到达。

两岸猿猴的啼声在耳旁回荡不绝，

轻快的小船已驶过万重青山。

理　解

李白的诗歌除了大气磅礴、雄奇浪漫的壮美风格外,还有自然明快的优美意韵,在唐人中,李白是五绝与七绝都写得极好的诗人。绝句体制短小,适合写一地景色、一时心情。这首诗大概作于唐肃宗乾元二年(公元 759 年),李白被流放夜郎,取道四川赴贬地,行至白帝城,忽闻赦书,惊喜交加,旋即放舟东下江陵。此诗的语言读起来轻松畅快,表现了诗人归心似箭的心情。

国 学 常 识

1.白帝城:位于重庆奉节县的长江北岸,三峡的著名游览胜地,最早由西汉末年割据蜀地的公孙述所建。公孙述自号白帝,故将此城名为"白帝城"。历代著名诗人李白、杜甫、白居易、刘禹锡、苏轼、黄庭坚、陆游等都曾登过白帝城,并留下大量精美诗篇,因此白帝城又有"诗城"之美誉。

2.江陵:位于湖北省中南部,地处长江中游,现名荆州市。

第二十七课
茅屋为秋风
所破歌

杜 甫

八月秋高风怒号，　　秋高：深秋。

卷我屋上三重茅。

茅飞渡江洒江郊，

高者挂罥长林梢，　　罥：悬挂，音 juàn。长林：深邃茂密的树林。

下者飘转沉塘坳。　　塘坳：低洼积水的池塘。

南村群童欺我老无力，

忍能对面为盗贼，

公然抱茅入竹去。　　公然：明目张胆，毫无顾忌。

唇焦口燥呼不得，

归来倚杖自叹息。

俄顷风定云墨色，　　俄顷：顷刻之间。

秋天漠漠向昏黑。　　漠漠：阴沉迷蒙的样子。向：临近。

布衾多年冷似铁，　　布衾：布被。衾：音 qīn。

娇儿恶卧踏里裂。

床头屋漏无干处，

雨脚如麻未断绝。 雨脚：成线落下的绵密的雨。

自经丧乱少睡眠， 丧乱：死丧祸乱的事，后泛指时局动乱。

长夜沾湿何由彻！ 彻：结束，完结。

安得广厦千万间，

大庇天下寒士俱欢颜。 庇：遮蔽，保护。

风雨不动安如山！

呜呼，何时眼前突兀见此屋， 突兀：高耸的样子。

吾庐独破受冻死亦足！

译 文

八月秋深，狂风怒号。

卷走了我屋顶上好几层茅草。

茅草飞过溪水，洒落在溪边郊外，

飞得高的茅草挂在茂密的树梢，

飞得低的就飘摇着沉到低洼的水塘里。

南村的一群顽童欺负我年老没有力气，

居然忍心当着我面做出盗贼的事，

明目张胆地抱着我的茅草跑入竹林。

我喊得口干舌燥也没有用，

回到家里拄着拐杖感叹自己的不幸与世态悲凉。

不一会儿风停了，乌云漆黑如墨，

深秋的天空阴沉迷蒙，渐渐黑了下来。

布被盖了多年，如铁板一样又冷又硬，

娇惯的孩子横卧在床,蹬破了被子。

屋顶漏了雨,床头没有一点干的地方,

绵密的大雨成线落下,下个没完。

自从战乱以来,已经很少能睡个安稳觉,

长夜漫漫,屋漏床湿,如何才能挨到天明!

怎么才能得到千万间宽敞高大的房屋,

为天下贫寒的读书人遮风挡雨,令他们开颜欢笑。

即使风雨再大,生活也能像山一样安定。

哎呀!什么时候眼前才能出现这些高高的房屋啊,

哪怕只吹破我一人的茅屋,自己受冻而死,也是甘心啊!

理 解

这首诗作于唐肃宗上元二年(公元 761 年)的秋天,诗人杜甫为了躲避安史之乱来到成都,在城西浣花溪边筑起了草堂居住,没有官职,生活异常艰难。八月里,又碰上一场狂风骤雨的袭击,屋顶的茅草被风吹走,他无地蔽身,长夜沾湿,寒冷难寐。这首诗写下了他这次的不幸遭遇和由此而产生的感想。

这首诗主要表达了诗人对战乱所造成的社会后果的痛斥。在战乱之中,人性被扭曲了,即便是儿童也做出如盗贼一般的恶行,实在让人痛惜;读书人的基本生活也得不到丝毫保障,更不要谈精神追求了。所以在诗的最后,诗人表达了他的理想,呼吁社会的安定与国家的富强,以此能让人民安居乐业;同时,诗人又在思考,知识分子作为社会的中流砥柱,如何才能让他们开颜欢笑,安心读书,进行知识的创造、生产与传播,而不会受到社会变迁的影响呢?

 国 学 常 识

1.杜甫:字子美,自号少陵野老,唐代伟大的现实主义诗人,与李白合称"李杜",被后人称为"诗圣"。

2.安史之乱:公元755—763年,唐朝将领安禄山与史思明背叛唐朝,发动战争,史称"安史之乱",由于爆发于唐玄宗天宝年间,也称"天宝之乱"。这场战乱,令北半个中国疮痍满目。从安史之乱起,到760年五年间,全国人口减少了三分之二,给唐代社会和人民生活带来了巨大破坏。

第二十八课 观公孙大娘弟子舞剑器行

杜 甫

昔有佳人公孙氏,一舞剑器动四方。

观者如山色沮丧,天地为之久低昂。 沮丧:失色的样子。低昂:高低易位。

霍如羿射九日落, 霍:形容快速闪动。

矫如群帝骖龙翔。 矫:矫捷,灵巧快捷的样子。骖:乘,驾驭,音cān。

来如雷霆收震怒,罢如江海凝清光。

绛唇珠袖两寂寞, 绛:火红,音jiàng。珠袖:代指舞姿。

晚有弟子传芬芳。 芬芳:形容事物的美好。

临颍美人在白帝,妙舞此曲神扬扬。 颍:音yǐng。

与余问答既有以,感时抚事增惋伤。 抚事:追思往事,感念时事。

先帝侍女八千人,公孙剑器初第一。 初:本来。

五十年间似反掌,风尘倾动昏王室。 反掌:比喻容易,形容时间过得很快。

梨园弟子散如烟,女乐余姿映寒日。 梨园:唐玄宗时训练培养乐工的地方。

金粟堆前木已拱,瞿唐石城草萧瑟。 金粟:金粟山,唐玄宗陵墓所在地。拱:两手合围。

玳筵急管曲复终, 玳筵:玳瑁筵,指丰盛的筵席。玳:海中像大龟的爬行动物,音dài。

乐极哀来月东出。　月东出：月出东山，指晚上。

老夫不知其所往，足茧荒山转愁疾。

过去有位美丽的女子名叫公孙大娘，一跳起剑舞，轰动四方。

观众多如群山，看得惊心动魄、震惊失色，只觉天地也随之持续着上下起伏。

剑光快速闪动，犹如后羿射落九日，身体矫健轻捷，好像众神驾龙飞翔。

起舞时剑势如雷霆万钧，收舞时剑光如江海凝聚的波光。

虽然她那鲜红的嘴唇、华美的舞姿已经逝去，好在晚年尚有弟子继承发扬。

临颍的美人李十二娘在白帝城舞剑，她精妙的表演，神采飞扬。

她与我谈论很久，不禁让我追思往事、感念时事，增添了一分惋惜哀伤。

当年玄宗皇帝的侍女约有八千人，公孙大娘的剑舞当数第一。

五十年的光阴好似翻了一下手掌就这么过去了，战乱连年，朝政昏暗。

当年的梨园子弟一个个流落四方，如今只有李氏的舞姿还映照着严寒的冬阳。

金粟山上玄宗墓前的树木已有合抱这么粗了，如今的瞿塘峡白帝城草木萧瑟。

盛筵上琴瑟急促的乐曲终于结束了，忽然乐极生悲，不知不觉已到夜晚。

我不知该往哪里去啊，长满老茧的双足，拖着久病的身躯，在荒山里独行。

　　这首诗是杜甫晚年所作，诗人于大历二年（公元 767 年）观看公孙大娘的弟子李十二娘舞剑器，唤起了昔日观看公孙大娘表演"剑器"之舞的回忆。诗歌生动再现了公孙大娘精湛绝妙的舞技和强烈的感染力，并"感时抚事"，悲叹唐朝由盛转衰的变迁与自己的不幸命运。

杜甫生活在唐代社会由盛转衰的历史转折点,他的诗歌是时代的一面镜子,真实地反映了安史之乱前后的社会动乱,展现了战争中的许多重要事件和战火中整体社会生活的广阔画面;也以深广生动、血肉饱满的形象描写了百姓在战争中承受的苦难。他的诗被后人称为"诗史"。

国 学 常 识

1.公孙大娘:唐朝开元年间教坊第一舞蹈艺术家,善舞剑器。

2.羿:神话中善射的英雄。相传尧时,十个太阳并出,禾苗草木都被烤焦了,尧命羿去射太阳,结果射下了九个。

第二十九课
韩愈诗二首

◀◀ 左迁至蓝关示侄孙湘 ▶▶

一封朝奏九重天，　九重天：最高的地方,喻指朝廷、皇帝。

夕贬潮州路八千。

欲为圣明除弊事，　圣明：古代臣子对皇帝的称呼。弊：害处。

肯将衰朽惜残年！

云横秦岭家何在？

雪拥蓝关马不前。　拥：阻塞,遮蔽。蓝关：地名,蓝田关。

知汝远来应有意，

好收吾骨瘴江边。　瘴江：岭南瘴气弥漫的江流,潮州地处岭南。瘴：
音 zhàng。

🔲 **译 文**

一篇谏书呈奏给皇帝，

晚上就被贬到路途遥远的潮州。

一心想着为皇帝除去有害的事，

怎么会因为衰老就吝惜残余的流年！

走在高耸云中的秦岭,不知家在何处？

在白雪厚积的蓝田关外,马也停住了脚步。

知道你远道而来一定有所打算,

在那瘴气弥漫的江流边收殓我的尸骨。

理　解

　　诗人韩愈不仅是唐代著名诗人、文学家,还是儒家重要的代表人物。唐宪宗崇尚佛教,迎接佛的一节指骨舍利入京,韩愈认为迎佛骨是一件劳民伤财的事,因而反对,激怒了宪宗,被贬到潮州。诗人途经蓝田县蓝关时,他的侄孙韩湘赶来送别,于是他写了这首七言诗。

　　韩愈作为大儒,充分继承了儒家的人格精神与社会担当,具有强烈的治国平天下的入世志向与是非观念,加上他性格刚直,不肯丝毫妥协,使得他在步入官场后屡次受到挫折和打击,同时也造就了韩愈"不平则鸣"的诗歌抒情特点。

早春呈水部张十八员外

天街小雨润如酥,

草色遥看近却无。

最是一年春好处,

绝胜烟柳满皇都。

天街:京城中的街道。酥:酥油,从牛奶中提炼出来的脂肪。

绝:超过。烟柳:如烟雾般的柳林。

译　文

京城的街道上下着酥油一般细腻的小雨，

雨中远望，草色连成一片，近看却稀疏零星。

春天是一年中最美的季节，

尤其是那满城的烟柳最是迷人。

理　解

这是唐代文学家韩愈的一首七言绝句诗歌，描写了早春小雨下的长安景色。这首诗是韩愈写给他弟子张籍的。张籍，字文昌，也是唐代诗人，今安徽和县人。张籍在同族兄弟中排行第十八，曾任水部员外郎，所以题目中称"水部张十八员外"。

国学常识

1.韩愈：公元768—824年，字退之，世称"韩昌黎""昌黎先生"，死后谥号"文"，后人又称韩愈为"韩文公"。韩愈是唐代杰出的文学家、思想家、政治家和哲学家，与柳宗元并称"韩柳"。韩愈是唐代古文运动的倡导者，后人将他与柳宗元、苏轼、苏洵、苏辙、王安石、曾巩、欧阳修合称为"唐宋古文八大家"，又将他与柳宗元、欧阳修和苏轼合称"千古文章四大家"。

第三十课
西塞山怀古

刘禹锡

王濬楼船下益州，

金陵王气黯然收。　金陵：东吴都城，即今天的南京。黯然：阴暗的样子。

千寻铁锁沉江底，　寻：古代的长度单位，一寻等于八尺。

一片降幡出石头。　幡：旗。石头：即石头城，金陵的别称。

人世几回伤往事，

山形依旧枕寒流。　枕：靠近，临。

今逢四海为家日，

故垒萧萧芦荻秋。　垒：古代军中作防守用的壁垒。萧萧：冷落凄清的
　　　　　　　　　样子。

 译文

王濬的战船从益州出发，

东吴的国运就此衰退。

吴国将千寻长的铁链沉入江底，横截敌船，

可结果一片降旗挂满了石头城头。

人生屡次为往事伤怀，

山峦却靠着寒冷的江水，形态依然未变。

如今全国已经统一，

只有凄凉的秋风吹着旧时壁垒上的芦荻。

理　解

唐穆宗长庆四年（公元 824 年），诗人刘禹锡由夔（kuí）州刺史调任和州刺史，秋天时乘船沿江东下，途经西塞山时，写了这首诗。西塞山在今天湖北省大冶县东，是长江中游的军事要塞之一，三国时，东吴曾以此为防线，恃险固守。西晋时，晋武帝为了完成统一大业，命益州（今四川成都）刺史王濬（jùn）修建大型战船，并率船从益州出发攻吴。诗人经过此地，抚今追昔，想起如今的大唐，经过安史之乱，以及持续不断的藩镇割据，虽然在形式上还维持着统一的局面，实际已经如萧萧秋风中的芦荻一样摇摇欲折、岌岌可危。

刘禹锡最为人称道的是咏史怀古的诗作。这些诗语言简洁平易，意象精当新颖，在古与今的历史跨越与勾连中，给人一种深沉的历史感和人生的沧桑感。

国 学 常 识

1.刘禹锡：字梦得，河南洛阳人，唐代文学家、思想家，有"诗豪"之称，与柳宗元并称"刘柳"，与白居易合称"刘白"。

第三十一课
柳宗元诗二首

江 雪

千山鸟飞绝，

万径人踪灭。　径:道路。踪:脚印。

孤舟蓑笠翁，

独钓寒江雪。

 译 文

在所有的山上,飞鸟的身影都不见了,

在所有的路上,人们的足迹都消失了。

一片孤舟上,只有一位披戴着蓑笠的老翁,

在大雪覆盖的江面上独自垂钓。

理　解

柳宗元从小立志报效国家,唐顺宗永贞元年(公元 805 年),柳宗元被提拔为礼部员外郎,投入"永贞革新",与刘禹锡一道成为改革的核心力量。他们反对藩镇割据和宦官专权,主张任人唯贤,呼吁合理征赋,立求中兴大唐王朝,为百姓谋利。然而,这场改革最终失败,柳宗元也被贬到了永州。这首被誉为唐人五言绝句中的最佳作《江雪》,反映了诗人在政治革新失败后,既孤独寂寞又不甘屈服的精神面貌,充分展现出柳宗元的寂寞、孤直、激切与执着的心性与情怀。

国 学 常 识

1.永贞革新:唐顺宗永贞年间,士大夫以打击宦官势力、革除政治积弊为主要目的的改革。改革主张加强中央集权,反对藩镇割据和宦官专权,持续时间一百多天,最后因宦官俱文珍与反对革新的大臣们发动政变、幽禁唐顺宗、拥立太子李纯而失败告终。

与浩初上人同看山寄京华亲故

海畔尖山似剑芒,　　畔:边。芒:通"铓",锋刃。

秋来处处割愁肠。

若为化作身千亿,

散向峰头望故乡。

译 文

海边的山峰好像锐利的剑锋，

秋天的悲意处处引起思乡的痛苦。

如果能让此身化作千千万万个身体那该多好，

他们分散到每一座山尖顶上，一起向着故乡遥望。

理 解

此诗作于柳宗元再次遭贬远斥柳州之时。当时柳宗元的僧人朋友浩初上人远道而来，诗人陪同朋友游览柳州山水，面对奇峭有如尖刀直插云天的山峰，加上秋天的悲意，不禁产生对远方故乡亲人的强烈思念之情。

国 学 常 识

1.上人：古代对和尚的尊称。

2.柳宗元：字子厚，今山西运城人，唐朝著名的文学家、哲学家，"唐宋古文八大家"之一。运城古有"河东"之称，所以世人又称柳宗元为"柳河东""河东先生"。

琵琶行

白居易

浔阳江头夜送客,枫叶荻花秋瑟瑟。

主人下马客在船,举酒欲饮无管弦。

醉不成欢惨将别,别时茫茫江浸月。

忽闻水上琵琶声,主人忘归客不发。

寻声暗问弹者谁? 琵琶声停欲语迟。

移船相近邀相见,添酒回灯重开宴。

千呼万唤始出来,犹抱琵琶半遮面。

转轴拨弦三两声,未成曲调先有情。

弦弦掩抑声声思,似诉平生不得志。

低眉信手续续弹,说尽心中无限事。

轻拢慢捻抹复挑,

初为《霓裳》后《六幺》。

大弦嘈嘈如急雨,小弦切切如私语。

嘈嘈切切错杂弹,大珠小珠落玉盘。

浔阳江:长江流经九江北一段的别名。瑟瑟:风吹草木的声音。

茫茫:目视不明的样子。

回灯:重新张灯。

始:才。

转轴拨弦:弹奏前调弦校音。

掩抑:用手掩按抑遏的手法奏出低沉、忧郁的声调。

信手:随手。

拢:左手手指扣弦。捻:左手手指揉弦。抹:右手顺手下拨。挑:右手反手回拨。四者都是弹琵琶的指法。《霓裳》:《霓裳羽衣曲》,唐朝著名舞曲。《六幺》:又名《绿腰》,当时京城流行的曲调。

嘈嘈:形容声音粗重。切切:形容声音清脆急促。

间关莺语花底滑，幽咽泉流冰下难。　　间关：鸟叫声。

冰泉冷涩弦凝绝，凝绝不通声暂歇。

别有幽愁暗恨生，此时无声胜有声。

银瓶乍破水浆迸，铁骑突出刀枪鸣。

曲终收拨当心画，四弦一声如裂帛。　　拨：弹琴用的拨片。

东船西舫悄无言，唯见江心秋月白。　　舫：船，音fǎng。

沉吟放拨插弦中，整顿衣裳起敛容。　　沉吟：低声自语。敛容：矜持而有礼貌的样子。

自言本是京城女，家在虾蟆陵下住。　　虾蟆陵：地名，长安城东南曲江附近，唐代歌伎聚居的地方。

十三学得琵琶成，名属教坊第一部。　　教坊：唐代设立的艺术机构，掌管乐伎，教练歌舞。

曲罢曾教善才服，妆成每被秋娘妒。　　秋娘：泛指长安美貌的歌舞伎。

五陵年少争缠头，　　五陵：泛指富贵人家。缠头：歌舞者表演完毕，观赏者赠给表演者的财物。

一曲红绡不知数。　　绡：一种精细轻薄的丝织品。

钿头云篦击节碎，　　钿头：镶金花的首饰。钿：音diàn。篦：梳子，这里指梳子形状的发饰，音bì。

血色罗裙翻酒污。

今年欢笑复明年，秋月春风等闲度。

弟走从军阿姨死，暮去朝来颜色故。

门前冷落鞍马稀，老大嫁作商人妇。

商人重利轻别离，前月浮梁买茶去。　　浮梁：唐代的饶州，茶叶集散地。

去来江口守空船，绕船月明江水寒。

夜深忽梦少年事，梦啼妆泪红阑干。　　阑干：泪水横流的样子。

我闻琵琶已叹息，又闻此语重唧唧。　　唧唧：叹息声。

同是天涯沦落人，相逢何必曾相识！

我从去年辞帝京，谪居卧病浔阳城。　　谪：贬官降职，音zhé。

浔阳地僻无音乐，终岁不闻丝竹声。　　丝竹：八音中的两种，指弦乐与管乐，又泛指音乐。

住近湓江地低湿，黄芦苦竹绕宅生。

其间旦暮闻何物？杜鹃啼血猿哀鸣。

春江花朝秋月夜，往往取酒还独倾。

岂无山歌与村笛，呕哑嘲哳难为听。

今夜闻君琵琶语，如听仙乐耳暂明。

莫辞更坐弹一曲，为君翻作《琵琶行》。

感我此言良久立，却坐促弦弦转急。

凄凄不似向前声，满座重闻皆掩泣。

座中泣下谁最多？江州司马青衫湿。

湓江：江西省九江市龙开河的古称。湓：音 pén。

杜鹃啼血：相传杜鹃鸟的啼声最悲切，甚至啼到口中流血。

呕哑嘲哳：形容嘈杂不悦耳的声音。哳：音 zhā。

翻：按照曲调填上新词。

却坐：退回原处，重新坐下。促弦：把弦拧得更紧。

青衫：唐代时八品、九品文官的官服。

译 文

夜晚我到浔阳江头送一位归客，秋风吹着枫叶和芦花瑟瑟作响。

我下马上船，设宴和客人饯别，举起酒要饮，却无音乐助兴。

酒喝得不畅快，更伤心分别，临别时，茫茫夜色，只见江水上的明月。

忽然听到江面上传来琵琶的声音，我忘记了回去，客人也不想动身。

寻着声音，向黑暗中探问是谁在弹奏？琵琶声停了下来，却迟迟没有回音。

我们移船靠近邀请她来相见，添酒菜，张新灯，重摆宴席。

在千呼万唤下，她才走了出来，怀里抱着琵琶半遮着脸。

她调弦校音试弹了几声，虽然不成曲调，却蕴含着感情。

她沉思着，掩按琴弦发出低沉的声音，似乎在诉说平生的不得志。

低着头，随手连续地弹个不停，用琴声把心中无限的往事说尽。

轻轻地拢弦，慢慢地捻弦，一会儿抹弦，一会儿挑弦，

起始弹了首《霓裳》，然后又弹了首《六幺》。

大弦浑宏粗重如急风骤雨，小弦清脆急促如窃窃私语。

低沉与清脆的声音交错着,就像大珠与小珠纷纷掉落玉盘。

清亮的弦声像花底下婉转的鸟鸣,低沉的弦声像冰下流动的水在呜咽。

冰泉流动受阻,凝结不通,琴声也渐渐中断。

像另有一种隐恨暗暗滋生,此时无声却比有声更有意味。

突然声音好像银瓶破碎,水浆四溅,又像铁甲骑兵冲锋,刀枪齐鸣。

她对着琴中心猛然一拨,一曲弹完,中间四根琴弦同响,犹如撕裂了布帛。

东西两边船上的人都在悄悄聆听,只见江心上秋月泛白。

她低声自语着将拨片插入琴弦之中,整理衣裳显出矜持而庄重的容颜。

她说她原是京城女子,家住长安城东南的虾蟆陵。

十三岁学成琵琶,是教坊乐团第一部的成员。

每曲弹完,都令艺术家们叹服,每次妆成,都被同行歌伎嫉妒。

京城富家子弟争先恐后地来献彩,

弹完一曲收到的红色绸缎不计其数。

镶金花的首饰和银制梳子形状的发饰常在打节拍时掉落破碎,

红色罗裙被酒渍染污也无所谓。

年复一年都在欢笑中度过,秋去春来,美好时光随意挥霍。

如今弟弟从军,阿姨已经死去,随着时间推移,我的美丽青春也一去不回。

光顾者落落稀稀,自己年龄也大了,只得嫁给商人为妻。

商人重利,不在乎别离,上个月他去浮梁做茶叶生意。

只留下我在这江口独守空船,船的周围只有明月与凄寒的江水与我做伴。

深夜忽然梦到年轻时的欢乐事情,梦中哭泣,泪水横流冲坏了妆容。

我听到琵琶声早已摇头叹息,又听到她这番诉说更叫我内心悲戚。

我们都是沦落天涯的可怜人,今日相逢,一见如故,何必问是否曾经相识。

我从去年离开长安京城,被贬至浔阳城,常常卧病。

浔阳地处偏僻,没有音乐,一年到头听不到管弦的声音。

住在靠近湓江这个低洼潮湿的地方,房屋周围黄芦和苦竹缭绕丛生。

在这里早晚能听到什么呢?净是杜鹃和猿猴悲哀的啼鸣。

即便有百花盛开的江边春色,或是秋天月圆的美景,我也只能独自饮酒倾诉。

这里不是有山歌和村笛吗?无奈那音调嘶哑粗涩实在难听。

今晚听到你的琵琶声,好像听到仙乐令我两耳得到极大享受。

请你不要推辞,坐下来再弹一曲,我要为你创作一首《琵琶行》。

她被我的话所感动,站立很久,回身坐下再转紧琴弦,奏出急声。

琴声凄凉不再像之前的声音,在座的人重听,都不禁掩面哭泣。

要问在座之中谁流的泪最多,我江州司马的青衫已经沾湿。

这是一首由白居易创作的长篇叙事诗,和《长恨歌》共同成为诗人影响深远、流传千古的名作。这首诗创作于诗人被贬至江州的时候,既是专门为琵琶女感今伤昔而作,也抒发了诗人被贬之后失意的情怀,所以诗情哀婉、苍凉。

白居易是中晚唐时期的重要诗人,他主张诗歌应该通俗、写实、畅达,强调诗歌惩恶劝善、补察时政的讽喻功能,在中国诗史上占有重要地位。

国 学 常 识

1.白居易:字乐天,号香山居士,又号醉吟先生,唐代现实主义诗人,与李白、杜甫合称"唐代三大诗人"。

2.五陵:分别为长陵、安陵、阳陵、茂陵和平陵,汉代五座皇帝陵墓,附近住了很多富贵人家。

3.八音:中国乐器按照材质分为八种,金、石、丝、竹、匏(páo)、土、革、木。

第三十三课
杜牧诗二首

◀◀ 登乐游原 ▶▶

长空澹澹孤鸟没，　　澹澹：广阔无边的样子。澹：音 dàn。

万古销沉向此中。　　销：同"消"，消失，消散。

看取汉家何事业？

五陵无树起秋风。

🔳 译 文

鸟儿在广阔无际的天空中显得孤单，好像被吞没，

不管多久的文明也终在此中消散殆尽。

大汉王朝取得了多大的功业？

如今汉代皇陵无树庇护，只剩秋风。

理　解

这首诗是诗人杜牧将赴湖州任刺史之前所写。诗人登乐游原观览,感叹曾经盛大的西汉王朝如今只剩下荒陵残冢,感触到世事的盛衰推移、不可抗拒,表达了诗人对唐代衰颓无可挽救的忧伤。

唐朝虽然是中国历史上一个伟大的王朝,但是没有哪个事物是可以永恒存在的,唐代也不可避免地会走向衰败倾覆,所以,晚唐诗歌大多都带有抑郁悲凉的色彩,普遍存在着悼古伤今的情调。杜牧作为晚唐诗人,也不例外。而且,杜牧的家学渊源很深,他的祖父杜佑曾任唐代三朝宰相,是中国著名的历史学家,著有中国第一部典章制度的通史——《通典》。杜牧深受家学影响,对待历史的变迁更易看透,他的诗歌中也常常透露出深厚的历史感。

国 学 常 识

1.杜牧:字牧之,号樊川居士,今陕西西安人,晚唐杰出诗人,著有《樊川文集》。

2.乐游原:古代的地名,当时有名的游览胜地,在今天陕西省西安市大雁塔的东北方。

题宣州开元寺水阁阁下宛溪夹溪居人

六朝文物草连空,

天澹云闲今古同。　澹:恬静,安然的样子,音 dàn。

鸟去鸟来山色里,

人歌人哭水声中。

深秋帘幕千家雨，

落日楼台一笛风。

惆怅无因见范蠡，　蠡：音lǐ。

参差烟树五湖东。　参差：不齐，音 cēn cī。五湖：太湖的别称。

译文

六朝古都的文明已成遗迹，荒草连天，

而那淡泊的天和悠闲的云，从古至今一点没变。

鸟儿飞来飞去，笼罩在山色中，

人们或歌或哭，也都被水流带走。

深秋的密雨像是给千家万户挂上了雨帘，

落日掩映着的阁楼上在晚风中送出悠扬的笛声。

心中伤感，怀念功遂身退的范蠡，

如今只有太湖东面一片参差不齐、朦胧如烟的树林。

理 解

这首诗是杜牧在安徽宣城所写。宣城在唐代时叫宣州，宣州有条河叫宛溪河，河边有个寺庙叫开元寺，开元寺中有个临水楼阁，楼阁的下面夹宛溪河两岸住着许多人家。诗人游开元寺，登水阁，俯瞰百姓人家，感慨历史的流逝与人事的变迁，一切皆是过眼云烟，唯有当下的日常生活才是真实可寻的。

国 学 常 识

1.六朝:东晋、吴、宋、齐、梁、陈六个朝代均建都在建康(今南京),史称"六朝"。

2.范蠡:字少伯,春秋楚国人,著名政治家、军事家、经济学家,被后人尊称为"商圣",曾辅佐越王勾践。越灭吴后,范蠡功成身退,乘扁舟,泛五湖而隐。

第三十四课
李商隐诗二首

◀◀ 无 题 ▶▶

相见时难别亦难，

东风无力百花残。　东风：春风。

春蚕到死丝方尽，

蜡炬成灰泪始干。

晓镜但愁云鬓改，　云鬓：形容女子鬓发盛美如云。

夜吟应觉月光寒。

蓬山此去无多路，　蓬山：即蓬莱山，传说中的仙山，这里喻指女子的住处。

青鸟殷勤为探看。　青鸟：传递消息的仙鸟。

译 文

相见很难，离别更难，

更何况在这春风渐弱、百花凋谢的暮春时节。

春蚕结茧到死时，丝才吐尽，

蜡烛等到燃成灰烬时,像泪一样的蜡油才会滴干。

你早晨照镜子梳妆打扮时,在担忧如云的鬓发改变颜色吧,

夜晚独自吟诗,应该会觉得冷月袭人吧。

在我心里,蓬莱山距离我这儿并不遥远,

不过还是只能恳求青鸟来替我把你探看。

理　解

李商隐的一生共写了六百多首诗,其中有一部分无题目或以诗首句前两字为题,统称无题诗。这些诗的形象迷离恍惚,内容隐秘,曲折深婉,千百年来解说纷纭。在中国古代诗歌史上,唐代中期诗人卢纶写过一首七律《无题》,与李商隐同时代、被他视为恩师的李德裕也曾写过一首五绝《无题》,这两首《无题》都属于感遇一类。而以男女之情为题材的无题诗,始自李商隐。

这首诗所要表达的内容还是相对明白的,写暮春时节,诗人与所爱女子别离时的伤感和别后悠长执着的思念,表达了诗人对爱情的忠贞不渝。在古代,离别比现代的意义要重大得多,一方面是由于山川的阻隔,交通不便,相聚不易,另一方面也因为在文人的精神世界中,偶然遇到情投意合、志同道合的人非常不易。然而,离别之后,各奔前程,可能就是永生的告别,所以离别构成了古典诗人独特的生命情怀。

国 学 常 识

1.李商隐:字义山,号玉溪生,又号樊南生,晚唐杰出的诗人,与杜牧合称"小李杜",与温庭筠合称"温李"。

锦瑟

锦瑟无端五十弦，　　锦瑟：绘有锦绣般美丽花纹的瑟。无端：没来由。

一弦一柱思华年。

庄生晓梦迷蝴蝶，

望帝春心托杜鹃。　　春心：对爱情的向往，对理想的追求。

沧海月明珠有泪，

蓝田日暖玉生烟。　　蓝田：又名玉山，在今陕西蓝田县，是著名产玉地。

此情可待成追忆，

只是当时已惘然。　　惘然：模糊不清的样子。

译文

绣着美丽花纹的瑟为何要无缘无故有五十根弦之多，

每一根弦，每一个音节，都让人忍不住去思念过去的美好年华。

庄周明知是梦，可醒来后仍然迷恋着自己曾化为蝴蝶，

望帝在亡国之后才忧伤自责，化身杜鹃日夜悲啼。

等到月圆时，海蚌的眼泪才变成明珠，

只有在蓝田那里的日光照射下，美玉才能焕发出朦胧的烟光。

那些美好的事情，如今只能留在回忆中了，

处在当下，却模糊不清，不懂珍惜。

李商隐的诗风常带有怅惘哀伤、凄迷晦涩的情调。《锦瑟》是李商隐作品中后人分歧最大、争议最多的一首诗,有人说是爱情诗,有人说是悼亡诗,还有人说是泄怨诗等。诗中用典频繁,而且不守本意,有时是借典发挥,翻出新意,这也为读者的理解带来困难。不过,诗中有一层意思是明显的,就是"思华年",过去的美好时光一去不返,当下经历、身在其中时常常不懂得珍惜,过去之后只留下无限的伤感与遗憾。

国 学 常 识

1.庄生:庄周,庄子,战国时著名的哲学家和文学家,道家代表人物。庄子曾梦见自己变成了蝴蝶,觉得很自在,醒来后不知是自己做梦变成了蝴蝶,还是蝴蝶做梦变成了自己。

2.望帝:传说古代蜀国君主名杜宇,叫望帝,因一失足,铸成失位、失国的千古憾恨而终生陷入愧疚自责之中。死后他的魂魄化作杜鹃,不停地鸣叫,直啼得泣血为止。

第三十五课
破 阵 子

李 煜

四十年来家国，

三千里地山河。

凤阁龙楼连霄汉，　凤阁龙楼：雕龙画凤的阁楼，指帝王的宫阙。霄汉：
天际。

玉树琼枝作烟萝，　烟萝：如烟雾缭绕一般的蔓生植物，形容草树茂密。
萝：蔓生的植物。

几曾识干戈？　干戈：古兵器名，代指战争。

一旦归为臣虏，　臣虏：被俘投降称臣。虏：俘虏。

沈腰潘鬓消磨。　沈腰：沈约晚年因病日瘦，腰带宽松，比喻身体消瘦。潘
鬓：潘安多愁善感，未老头白，比喻鬓发斑白，年华老去。

最是仓皇辞庙日，　仓皇：恐惧忙乱的样子。

教坊犹奏别离歌，

垂泪对宫娥。　宫娥：宫中嫔妃、侍女。

 译 文

南唐开国已有四十年历史，

三千里地的大好河山。

帝王宫阙高大雄伟,与天际相连,

宫苑内奇花异草比比皆是,随处可赏,

我何曾知道还会发生战争这种事呢?

忽然有一天我成了俘虏,向敌人投降称臣,

身体消瘦,鬓发斑白。

最令我悲伤欲绝的是,在我惊恐地告别宗庙的时候,

听见宫廷教坊的乐工们正奏着别离的歌,

而我只能对着宫女们垂泪。

理 解

如果将李煜作为一名皇帝来评价,他是亡国之君,自然是失败的;而如果将其作为一名诗人来评价,李煜无疑是伟大的,被后人称为"词中之帝"。

正如在这首《破阵子》中,一位皇帝只知凤阁龙楼、玉树琼枝,却"几曾识干戈",可见,李煜生于深宫之中,长于妇人之手,在安邦治国上是丝毫不上心的。但是,作为一名诗人,反而因为他阅世不深,没有世故的伪饰,才保持着赤子一般真淳的心地。

国 学 常 识

1.李煜:字重光,公元 961 年嗣位南唐皇帝,在位十五年,公元 975 年降宋,公元 978 年崩殂。

2.南唐:五代十国时期李昇(biàn)在江南建立的政权,定都江宁(今江苏南

京），传三世，公元975年宋军攻占金陵，南唐最后一个皇帝李煜投降，南唐灭亡，享国三十九年。

　　4.沈约：字休文，南朝史学家、文学家，《宋书》的作者。

　　5.潘安：又名潘岳，字安仁，西晋文学家。

第三十六课
虞美人

李　煜

春花秋月何时了？

往事知多少。

小楼昨夜又东风，　　东风：春风。

故国不堪回首月明中。　　堪：忍受，能支持。

雕栏玉砌应犹在，

只是朱颜改。　　朱颜：泛指年轻的容貌。

问君能有几多愁？

恰似一江春水向东流。

 译文

人生的尽头在哪里？

往事还能记起多少。

昨夜小楼上又吹来了春风，又是一年来到，

在这皓月当空的夜晚，回忆故国往事，怎能承受。

精雕细刻的栏杆和玉石砌成的台阶应该都还在吧，

只是所怀念的人已经青春不在。

如果问我心中有多少忧愁？

正像那无尽的春江之水滚滚东流。

理　解

《虞美人》是李煜的代表作，也是李后主的绝命词，是一首表现绝望的作品。李煜在当南唐国主时，养尊处优，被北宋灭亡后，被软禁在北方，过着整天以泪洗面的屈辱生活。相传在公元 978 年自己的生日（七月七日）之夜，他创作了《虞美人》，表达对故国旧人的思念，并令人演唱，结果声闻于外，宋太宗得知后大怒，命人赐药酒将他毒死。结果，李煜便在自己生日的夜晚死去了。这首词通过今昔交错的对比，表现了一个亡国之君的无限悲痛。

国 学 常 识

1.《虞美人》：此曲原为唐朝教坊曲，初咏项羽宠姬虞美人死后地下开出一朵鲜花，因以为名。教坊为唐宋两朝官方艺术机构，是管理宫廷音乐、舞蹈、戏曲的官署。

第三十七课
雨霖铃

柳 永

寒蝉凄切， 寒蝉:蝉的一种,常鸣于秋季日暮时分,其声幽抑。切:急切。

对长亭晚,骤雨初歇。 长亭:古代在交通要道边每隔十里修建一座长亭供行人休息或送别。

都门帐饮无绪， 帐饮:搭帷帐以设饯行酒席。

留恋处,兰舟催发。 兰舟:船的美称。

执手相看泪眼，

竟无语凝噎。 凝噎:好像被气憋住一般哭不出声,也说不出话。

念去去,千里烟波， 烟波:烟雾笼罩的水面。

暮霭沉沉楚天阔。 霭:云气,音 ǎi。沉沉:低而厚的样子。楚天:南方的天空,古时楚国位居南方。

多情自古伤离别，

更那堪,冷落清秋节。 那堪:何况。

今宵酒醒何处，

杨柳岸,晓风残月。

此去经年， 经年:经过一年或若干年。

应是良辰好景虚设。

便纵有千种风情,

更与何人说。

 译 文

秋蝉凄凉急促地叫着,

傍晚时分,面对着长亭,大雨刚停。

京都门外,设帐饮酒饯行,却没有畅饮的情绪。

正在依依不舍的时候,船家已经催人出发了。

彼此拉着手,相互看着对方的泪眼,

竟然哽咽着说不出话。

想到这一去那么遥远,烟雾弥漫着千里江流,

傍晚的云气笼罩着南方的天空,不知尽头。

自古多情人总是为离别而伤感,

更何况在这冷清凄凉的秋天。

不知今夜当酒醒时我身在何处,

怕是要在这杨柳岸边,吹着晨风,面对黎明的残月了。

这一去,几年分别,

即使是好时辰、好风景,也形同虚设。

即使有满腹的情怀,

又同谁去诉说。

理 解

这首词是柳永最负盛名的慢词,为宋元时期广泛传诵的"宋金十大曲"之一。

这首词用语自然朴素,逐层铺叙,写得委婉凄切,表达了作者和恋人难以割舍的离别之情。《雨霖铃》这一词调,相传来源于唐玄宗和杨玉环生离死别的故事,白居易《长恨歌》有"夜雨闻铃肠断声",所以人们常用它来表现离愁别恨之情。

宋代立国之初的半个世纪,词并没有兴盛,直到 11 世纪上半叶柳永等词人先后登上词坛之后,宋词才开始步入迅速发展的轨道。柳永对词的审美内涵和趣味进行了改变,变"雅"为"俗",运用通俗化的语言表现世俗中的市民生活情调。柳永仕途失意,一度流落为都市中的浪子,对生活在社会底层的市民大众的生活和心态也相当了解。因此,他一改文人词的创作路数,用市民大众容易理解的语言和铺叙、白描的手法来表现他们的情与事。

国学常识

1.柳永:初名三变,字景庄,后改名永,字耆卿,崇安(今福建武夷山市)人,北宋著名的词人,官至屯田员外郎,故世称"柳屯田"。

2.慢词:依慢曲所填写的宋词的主要体式之一,它与小令一并成为宋代词人最为常用的曲调样式。

第三十八课
水调歌头·明月几时有

苏　轼

明月几时有？把酒问青天。

不知天上宫阙，今夕是何年。　宫阙：富丽堂皇的宫殿。

我欲乘风归去，又恐琼楼玉宇，　琼楼玉宇：精美华丽的楼阁，形容月宫。

高处不胜寒。　胜：能承受。

起舞弄清影，何似在人间。　何似：不如。

转朱阁，低绮户，照无眠。　绮：雕饰华丽的，音 qǐ。

不应有恨，何事长向别时圆？　长向：一向，总是。

人有悲欢离合，月有阴晴圆缺，

此事古难全。

但愿人长久，千里共婵娟。　婵娟：形容月色明媚或指明月。

 译　文

明月何时出现？我端着酒遥问天空。

112

不知天上富丽的宫殿,今晚是哪年。

我想乘着晚风飞向天宫,又担心月宫上美玉砌成的楼宇,

令我经受不住那高空上的寒冷。

起身舞动,玩赏着月光下清朗的光影,月宫哪里比得上人间。

月光转过红色的楼阁,低低地挂在雕花的窗户上,照着没有睡意的自己。

明月不应对人有恨意吧,可为什么总是在离别时才月圆呢?

人有悲欢离合的变迁,月也有阴晴圆缺的转换,

这些事自古以来就很难周全。

但愿两人年年平安,即使相隔千里,也能一起欣赏这明媚的月色。

理　解

这首词的作者是苏轼,创作于宋神宗熙宁九年(公元 1076 年)的中秋,词人面对一轮明月,心潮起伏,乘着酒兴,借词来表达对弟弟苏辙的思念之情。

苏轼的词中,处处可见儒、道、佛三家思想的交融与纠葛。在这一首词中,词人想乘着晚风飞向天宫,远离尘世,反映了道家出世的情怀;但又怕高处孤寒,而留恋人间,展现了儒家入世的精神;人有悲欢离合,月亦有阴晴圆缺,万物随缘生灭,变化不定,正是佛教无常思想的体现。不过,面对世事无常,苏轼并没有因此而走向悲伤与出世,而是更加珍惜人间情感,又重新回归儒家。

国 学 常 识

1.苏轼:字子瞻,号东坡居士,四川人,北宋文学家、书画家,与欧阳修并称"欧苏",与黄庭坚并称"苏黄","唐宋古文八大家"之一。

第三十九课
念奴娇·赤壁怀古

苏 轼

大江东去,

浪淘尽,千古风流人物。 淘:冲洗,冲刷。风流人物:对一个时代有影响和贡献的杰出人物。

故垒西边, 垒:古代军中作防守用的墙壁。

人道是,三国周郎赤壁。

乱石穿空,

惊涛拍岸,卷起千堆雪。

江山如画,一时多少豪杰。

遥想公瑾当年,

小乔初嫁了,雄姿英发。

羽扇纶巾, 纶巾:古代用青丝带做的头巾。

谈笑间,樯橹灰飞烟灭。 樯橹:泛指船。樯:桅杆,音 qiáng。橹:船桨,音 lǔ。

故国神游,

多情应笑我,早生华发。 华发:花白的头发。

人生如梦,

114

一尊还酹江月。 酹:洒酒祭奠,音lèi。

译 文

大江之水向东流去,

滔滔巨浪淹没了千古多少英雄人物。

在那陈旧的营垒西边,

人们说是三国周瑜指挥赤壁之战的地方。

陡峭的山石直耸云天,

令人惊恐的波涛拍击着江岸,激起的浪花好像千万堆白雪。

雄壮的河山如画一般,一时间涌现了多少英雄豪杰。

遥想当年的周瑜,

小乔刚刚嫁给他,英姿奋发,豪气满怀。

手摇羽扇,头戴纶巾,

谈笑之间,敌人的战船已经灰飞烟灭。

今日神游当年赤壁战场,

可笑我多愁善感,早早地生出了白发。

人生犹如一场梦,

且洒一杯酒,祭奠江中的明月。

理 解

苏轼在中国诗歌史上是一流大家,诗歌今存二千七百多首,风格多样,以纵放透辟、曲折澜翻为基本特色。他也是中国散文史上一流大家,其散文有四千二百余篇之多。在中国书画史上,苏轼也是一大家,其诗画创作的成就不在诗文之下,是文人画的典型代表。

苏轼对中国词的贡献有许多,这里仅列两点:第一,扩大了词的题材。在苏轼以前,词的内容大多是应景、应酬,内容空虚单调,不外是写男女之情,抒离别之恨,气魄狭小,而苏轼的词"无事不可入,无意不可言",将写景、记游、说理、咏史、言志、悼亡、送别、乡恋、友情、田园等内容都纳入词中,实现了词在自我感情和志趣表达上的功能。其二,丰富了词的风格。自晚唐、五代开始,在文人词家的手中,出现了婉约的词文,在很长一段时间,词坛都是沿着这个风格发展,婉约固然能体现词体"要妙宜修"的特质,但也同样限制了词的发展,苏轼开创了豪放词风,在风格创新上取得了很大的成就。

以上列举的两个特点在《念奴娇·赤壁怀古》一词中便得到体现。这是一首由写景、怀古和自伤三重题材构成的名篇,基本的情感内容是怀念古代英雄豪杰,感叹现实功业难成,并由此生发出对世事苍茫的悲壮情怀,给人一种激荡人心的崇高美和悲壮美。

国 学 常 识

1.《念奴娇》:曲名,来源于唐朝天宝年间的名倡念奴。念奴有姿色,善歌唱,许多文人记颂,于是形成歌咏,播于乐府。《念奴娇》一曲的声情,本以描写美人之娇媚为主,后来苏轼、辛弃疾及其他豪放词人也常选用它来表现豪情壮采。

2.周瑜:字公瑾,今安徽庐江县人,东汉末年名将,三国吴国的安邦重臣,相貌英俊,精通音律,才智过人。

3.赤壁之战:东汉末年建安十三年(公元208年),孙权与刘备联合,在长江赤壁一带大败曹操大军,由此奠定了"三分天下"的基础。此战是中国历史上以少胜多、以弱胜强的著名战役之一。

第四十课

《如梦令》二首

李清照

一

昨夜雨疏风骤，

浓睡不消残酒。 浓睡：睡得很沉。

试问卷帘人， 试问：试探着问。

却道海棠依旧。

知否，知否？

应是绿肥红瘦。 绿肥红瘦：草木茂密繁盛而花朵枯萎凋谢。

译 文

昨夜雨点稀疏，风却刮得很大。

深深地睡了一觉，酒醉仍然未消。

小心地问卷帘侍女海棠花情况如何，

她却说依然如旧。

知道吗,知道吗?

应该是绿叶繁茂,红花凋落。

理 解

这首小令是宋代女词人李清照的前期作品,通过海棠花雨后的凋落,表达了词人的惜花伤春之情,体现了作者对春天的热爱。词句语新意隽,意味深长,读起来曲折有味,历代文人、读者对这首词都赞赏不绝。

◀ 二 ▶

常记溪亭日暮,   常:通"尝",曾经。溪亭:山东济南名泉,泉中有亭。

沉醉不知归路。

兴尽晚回舟,

误入藕花深处。

争渡,争渡,

惊起一滩鸥鹭。   鸥鹭:鸥鸟和鹭鸟的统称。

译 文

曾经记得在溪亭游玩直到日落,

喝得大醉,以至于找不到回家的路。

尽兴之后,很晚才划船返回,

不小心闯入荷花深处。

用力地划啊,与荷花争夺水路,

惊起满滩的鸥鹭。

理 解

这首词是作者李清照在回忆一次愉快的郊游情景,因酒醉在归途中误入荷花丛中。自己奋力划桨,与荷花争路,吓飞了栖息的水鸟,表现了词人年轻时的纯洁天真,给人以美的享受。作为一位女词人,李清明的小令总是写得含蓄蕴藉,具有女性特有的细腻感触。

国 学 常 识

1.李清照:南宋女词人,号易安居士,山东济南人,长于诗、文、词,兼书法、绘画,且通音律,宋词婉约派主要代表,在两宋词坛上独树一帜,又有"千古第一才女"的美称,其词被称为"易安体"。

2.小令:诗歌有古体、近体之分,词按字数进行区分,分为小令、中调与长调,其中五十八字以内为小令,五十九至九十字为中调,九十一字以外为长调。小令是宋词中最常见的体裁。

第四十一课
一 剪 梅

李清照

红藕香残玉簟秋，　　红藕:荷花。簟:竹席,音 diàn。

轻解罗裳,独上兰舟。　　罗裳:罗裙。兰舟:船之美称。

云中谁寄锦书来?　　锦书:夫妇、情侣间的书信。

雁字回时,

月满西楼。

花自飘零水自流,

一种相思,两处闲愁。　　闲愁:无端而来的愁绪。

此情无计可消除,

才下眉头,却上心头。

译 文

荷花残败,芳香不在,冷滑如玉的竹席透着深秋的凉意,

轻轻提起罗裙,独自上了小舟。

凝望远天的白云,谁会将夫君的书信送来?

现在正是大雁排着"一"字或"人"字南归的时候,

我却无心观赏这皎洁的明月,任由它洒满西边的亭楼。

花儿无情地飘落,水流自顾向东,

一种离别的相思,牵动着两处无端的闲愁。

这相思实在没有办法排解,

刚从眉间消失,又隐隐地缠上了心头。

理 解

作者李清照出生在一个有文化教养的仕宦家庭,父亲李格非是当时著名的学者。少女时代的李清照无忧无虑、天真烂漫,洋溢着青春活力与对生活的热情。十八岁时,李清照嫁给赵明诚,两人志同道合、感情深笃,常在一起唱和诗词、鉴赏书画、校勘金石,生活美满幸福。然而,结婚未久,丈夫就外出游学了,李清照借词表达离别后无法排解的凄婉思念之情。

国 学 常 识

1.赵明诚:字德甫,南宋初年官员,收藏家、金石收藏和考据家,著有《金石录》,女词人李清照的丈夫。

第四十二课
李清照诗二首

夏日绝句

生当作人杰，

死亦为鬼雄。　　鬼雄：死去后留名于史的英雄。

至今思项羽，

不肯过江东。

译　文

活着就要去当人中豪杰，

即使死去也要名垂青史。

至今人们还在思念项羽，

只因他不肯偷生过江东。

理　解

诗词的主体因素是情感,而情感既是诗人自我生命体悟的流露,更是受到所处环境的影响。宋代分北宋与南宋,转折点是靖康之难。在此之前,社会生活相对安定舒适,大多数诗人是在绮罗丛中吟月弄月。靖康之难后,山河残破、百姓遭难,诗词的主题也日益走近现实生活,去表现对民族的忧患、战争的苦难与个人理想的失落。

李清照处在北宋末南宋初这个巨变的时代,靖康之难后,她家破夫亡,受尽劫难和折磨。诗人想到了楚霸王项羽,项羽虽与刘邦争夺天下而失败,但他自觉无脸见江东父老,不肯渡过乌江独自逃身,自刎于江边,其气节犹为人敬;而反观南宋统治者,抛弃中原河山,但求苟且偷生,此等行径,令诗人感到痛心和不齿。

国 学 常 识

1.项羽:名籍,字羽,秦末人,楚国名将项燕之孙,巨鹿之战,破釜沉舟,击破秦军主力。秦亡后称西楚霸王,后与刘邦争夺天下,公元前 202 年兵败,在乌江边自刎。

题八咏楼

千古风流八咏楼,

江山留与后人愁。

水通南国三千里,　　南国:泛指南方。

气压江城十四州。

译 文

登上这有着悠久历史的八咏楼，

大好的江山不去过问，留给后人发愁。

这里是水道枢纽，可通向江南三千多里，

战略地位足以影响江南十四州的存亡。

理 解

在词的方面，李清照无疑是位名家，她的诗的成就虽然不如词，但仍然留下一些脍炙人口的名篇，这首《题八咏楼》就是一篇不可多得的佳作。

这首诗创作于宋高宗绍兴五年（公元 1135 年），这时的李清照已经五十多岁，南渡以来，她背井离乡，一个人东奔西避，国家、家庭和个人的不幸，使诗人的身心遭到莫大残害。当她登临金华八咏楼时，高大壮美、秀丽多彩的祖国山河激起了她的万千思绪和无限感慨。她写下了这首爱国主义诗篇，表达了对祖国山河无比热爱之情和抗金北伐的政治主张。

国 学 常 识

1.八咏楼：原名玄畅楼，南朝时建立，南宋时扩建，元朝时毁于大火，明代时重建，位于今天浙江省金华市。

2.十四州：宋元时，行政区域的名称叫“路”，宋时在两浙地区设“两浙路”，包含二府十二州，合称十四州。

第四十三课
满江红

岳飞

怒发冲冠,

凭栏处,潇潇雨歇。　凭:依靠。潇潇:形容风雨急骤。

抬望眼,

仰天长啸,壮怀激烈。

三十功名尘与土,

八千里路云和月。

莫等闲,

白了少年头,空悲切!　悲切:悲痛。

靖康耻,犹未雪。

臣子恨,何时灭!

驾长车,踏破贺兰山缺。　长车:古时一种适于长越山野的兵车。

壮士饥餐胡虏肉,　胡虏:古代中原对敌对北方部族的通称。

笑谈渴饮匈奴血。

待从头, 收拾旧山河,

朝天阙。　天阙:皇帝所住的地方。

译　文

我愤怒得头发竖起, 连帽子都被顶飞了。

倚靠着栏杆, 急骤的风雨刚刚停歇。

抬头远望天空,

不禁仰面向天长啸, 一片报国之心激动难安。

三十多年来建立的功名如同尘土,

转战南北八千里, 经过多少风云。

不要虚度年华,

等到年老时, 才去悔恨悲痛!

靖康之耻, 至今还没雪洗。

作为臣子的愤恨, 何时才能消除!

我只想驾着长车, 踏平那贺兰山上的敌军。

壮士们打仗饿了就吃敌人的肉,

谈笑渴了就喝敌人的血。

待我重新收复旧日的疆土,

再回来向国家报捷。

理　解

这首是岳飞的代表词, 也是中国千古传诵的爱国名篇。从词的发展角度来说, 苏轼等人开词坛豪放之风, 在豪放词的爱国影响与流传深广上, 不能不首推岳飞的

《满江红》,其壮怀激烈的爱国情结几百年来凝结为国人对祖国的一种神圣情怀。

国学常识

1.岳飞:字鹏举,宋朝人,中国历史上著名的军事家、书法家、诗人、抗金民族英雄。

2.靖康之变:又称"靖康之耻",中国历史上的一次著名事件,发生于北宋宋钦宗靖康年间(公元1126—1127年),因而得名。靖康二年(公元1127年),金军攻破东京(今河南开封),俘虏了宋徽宗、宋钦宗父子及大量朝臣、皇族、宫妃等三千余人,导致北宋灭亡。

3.贺兰山:位于西北甘肃河套之间,在汉代,贺兰山曾是匈奴密集屯驻的地方,后来泛指敌人的根据地。

第四十四课
水龙吟·登建康
赏心亭

辛弃疾

楚天千里清秋，　　楚天:南方的天空,古代楚国位居南方。清秋:秋天的清冷
　　　　　　　　　凄凉。

水随天去秋无际。

遥岑远目,献愁供恨,　　岑:小而高的山,音 cén。

玉簪螺髻。　　螺髻:宛如螺形发髻一样的峰峦。

落日楼头,断鸿声里,　　断鸿:失群的孤雁。鸿:大雁。

江南游子。

把吴钩看了,栏杆拍遍,　　吴钩:宝刀名,相传是吴王阖闾所做,后泛指锋
　　　　　　　　　　　　利的宝刀。

无人会,登临意。　　临意:登高望远。

休说鲈鱼堪脍,　　堪:能,可以。脍:细切的肉。

尽西风,季鹰归未?　　西风:秋风。

求田问舍,

怕应羞见,刘郎才气。

可惜流年,　　流年:流逝的岁月。

忧愁风雨,树犹如此!　　风雨:比喻艰难困苦。

倩何人唤取红巾翠袖,揾英雄泪! 倩:请,使。红巾翠袖:女子装饰,代指歌女。揾:拭,擦,音 wèn。

译 文

在这南方的秋季,千里长空,清冷凄凉,

无尽的江水朝着天边涌去,这个秋季仿佛无边无际。

极目遥望远处的山峰,带给我忧愁与愤恨,

它美得像女子头上的玉簪和螺形的发髻。

落日斜照在这阁楼上,伴着失群的孤雁的叫声,

衬托着我这个流落到江南的游子。

我眼睁睁地看着宝刀,狠狠地将楼上的栏杆都拍遍了,

却无人领会我登高远望的心意。

不要再说鲈鱼的美味,

如今秋风都吹遍了,季鹰回来了吗?

像只为自己购置田地房产的许汜,

应羞愧怕见才气双全的刘备吧。

可惜年华似流水一样逝去,

在凄风苦雨之中,树木也会变化!

叫谁去请那些披红着绿的歌女,来拭去英雄失意的眼泪!

理 解

这首词的作者是中国文学史上伟大的词人辛弃疾,他的词大多表现自己忠心报国、收复中原的意愿,表现雄豪激烈的情怀和雄伟壮阔的境界,具有直冲心灵本质的深厚强大力量。辛弃疾生于宋高宗绍兴十年(公元 1140 年),出生时,家乡山

东已经沦陷于金人之手达十几年了,作为一名热血男儿,他天天看着骨肉同胞在异族统治下遭受煎熬,感到非常痛苦,对民族耻辱耿耿难忘,自幼就决心为民族复仇雪耻、收复失地。年轻时,词人曾在山东率众起义,后来怀着壮怀激烈的光复之志南渡投奔南宋,却没想到南宋统治者不思进取、苟安享乐,甘愿向金朝俯首称臣、纳贡求和,自己也未被重用,大多时间被罢家居。

这首词是词人在建康任官时所作,词人在落日的高楼上,在失群孤独的鸿雁的叫声中,抒发他虽有一片收复故国的意愿,却得不到共鸣和回应的悲慨之情。

国 学 常 识

1.建康:今江苏省南京市,曾是东晋及南朝宋、齐、梁、陈五代京都的名称。

2.赏心亭:建康的一处古迹。

3.季鹰:晋朝人张翰,字季鹰,在洛阳为官,见秋风起,想念家乡美味的莼羹和鲈鱼,便弃官回乡。典故"莼鲈之思"也是由此而来,既表达思乡之情,也暗示着归隐之志。

4.求田问舍:多方购买田地房产,谋求个人私利,不去忧国忧民,比喻没有远大的志向。"求田问舍"出自《三国志》,是讲当时天下大乱,许氾求田问舍,忘怀国事,陈登和刘备都瞧不起他。

5.树犹如此:出自典故"金城泣柳",讲的是东晋名将桓温的故事。桓温在青年意气风发时曾种下一棵柳树,三十四年之后,桓温二次北伐,路过所种柳树,大树已经非常粗壮,于是桓温攀着树枝,捉住柳条,不禁泫然泪下。

6.辛弃疾:字幼安,号稼轩,山东人,南宋豪放派词人,将领,有"词中之龙"之称,与苏轼合称"苏辛",与李清照并称"济南二安"。

第四十五课
正 气 歌

文天祥

天地有正气,杂然赋流形。 杂然:纷然,纷繁。流形:形态各异的万物。

下则为河岳,上则为日星。

于人曰浩然,沛乎塞苍冥。 沛:充盛的样子。苍冥:上天。

皇路当清夷,含和吐明庭。 皇路:国运,国家政治秩序。清夷:清明,太平。夷:平坦。明庭:圣明的朝廷。

时穷节乃见,一一垂丹青。 见:同"现",显露。丹青:又称"青史",指历史典籍。

在齐太史简,在晋董狐笔。

在秦张良椎,在汉苏武节。

为严将军头,为嵇侍中血。

为张睢阳齿,为颜常山舌。 睢:音 suī。

或为辽东帽,清操厉冰雪。 清操:清白高尚的志行。

或为出师表,鬼神泣壮烈。

或为渡江楫,慷慨吞胡羯。 胡羯:中国北方游牧民族政权之一,匈奴的一个分支。羯:音 jié。

或为击贼笏,逆竖头破裂。 笏:古代大臣上朝拿的手板,上面可以记事,音 hù。

是气所磅礴,凛烈万古存。 磅礴:广大无边,音 páng bó。凛烈:正义严肃。

当其贯日月，生死安足论。

地维赖以立，天柱赖以尊。

三纲实系命，道义为之根。

三纲：中国古代基本道德规范的简称，具体内容为君为臣纲、夫为妻纲、父为子纲。

嗟予遘阳九，隶也实不力。

遘：相遇，音gòu。阳九：困厄的时运。隶：地位低的官吏，作者自谦。

楚囚缨其冠，传车送穷北。

楚囚：原指春秋时被俘到晋国的楚国人钟仪，后用来借指被囚禁的人。缨：缠绕，系牵。

鼎镬甘如饴，求之不可得。

鼎镬：烹煮食物的器具，也指烹煮罪犯的酷刑。镬：音huò。饴：糖浆，糖果。

阴房阗鬼火，春院闭天黑。

阴房：见不到阳光的居所，这里指囚房。阗：充满，音tián。

牛骥同一皂，鸡栖凤凰食。

骥：好马。皂：喂马或喂牛的饲槽。

一朝蒙雾露，分作沟中瘠。

一朝：一旦。蒙：受。瘠：腐烂的尸体，音jí。

如此再寒暑，百沴自辟易。

寒暑：冬天和夏天，表示整个一年。沴：灾害，疾病，音lì。辟易：退避。

嗟哉沮洳场，为我安乐国。

沮洳：低湿的地方。洳：低湿的地方，音rù。

岂有他缪巧，阴阳不能贼。

缪巧：智谋。

顾此耿耿在，仰视浮云白。

顾：但，但看。耿耿：诚信守节的样子。

悠悠我心悲，苍天曷有极。

悠悠：长久。曷：何时。

哲人日已过，典刑在夙昔。

典刑：模范，常法。夙昔：朝夕，一直。

风檐展书读，古道照颜色。

译文

天地间有一股正义之气，分别赋予在万物之中。

在大地上展现为山川河岳，在天空中体现为日月星辰。

在人间称为浩然正气，它充实在天地之间，无处不在。

当国家政治清明时，它便呈现出祥和的气氛，产生开明的朝廷。

当时运艰难时，它就化身为有气节的义士，一一名垂青史。

在齐国有舍命记史的太史，在晋国有秉笔执书的董狐。

在秦朝有为民除暴的张良,在汉朝有持节忠诚的苏武。

还有宁愿断头而不降的严将军,流血牺牲的侍中嵇绍。

有誓死守城而咬碎牙齿的张睢阳,被割舌仍然大骂叛贼的颜常山。

有时为避难辽东、甘守清贫的管宁,他的志行清白高尚胜过冰雪。

有时表现在孔明撰写《出师表》时,他那壮烈的忠心感泣鬼神。

有时表现为祖逖渡江拍击舟楫,激昂慷慨发誓要吞并胡羯。

有时表现在段秀实用笏板痛击奸人之时,逆贼的头颅顿时破裂。

浩然之气广大无边,正义凛然不可侵犯,万古长存。

当这股正气贯通日月,一个人是活还是死又何足道哉。

大地依靠它得以挺立,上天因为有了它才被人尊崇。

三纲靠着它才能维持,道义以它为根本。

可叹我遭遇到国难的时刻,实在无力去除贼安邦。

我成了俘虏,依然要系紧宋朝的帽子,驿车将我送到极远的北方。

把鼎镬酷刑等同于甜蜜的糖,为国捐躯,求之不得。

阴暗的牢房里充满鬼火,春天的院门却始终紧闭。

老牛和骏马食用同一个饲槽,凤凰在鸡舍里吃食。

一旦受到风寒染上疾病,那沟壑里定会有我腐烂的尸体。

如果再经历两年,各种各样的疾病就自当退避。

可叹这阴暗低湿的地方,竟成了我安身立命的乐土。

这哪里有什么智谋,一切寒暑都不能伤害到我。

但看我忠实之心永远存在,仰望天空,视功名如浮云。

我心中的悲伤深广无边,请问这苍天何时是个头。

虽然先哲们早我而远去,但他们的榜样一直存我心中。

在临风的屋檐下打开书卷,古人伟大的人生路照向我的面容。

理　解

　　这首诗歌的作者是南宋丞相、爱国诗人、民族英雄文天祥。公元 1281 年,经过殊死抵抗之后,天文祥被俘,关在元朝大都的狱中,在监狱中天文祥写下了这首震撼人心的人生颂歌。这首诗表现了他的忠义情怀和英雄气概,诗中颂扬了历代忠臣义士的高风亮节,宣告了刚毅正大的道德力量是不可战胜的。

国 学 常 识

　　1.太史简:历史典故。春秋时,齐庄公与大夫崔杼妻子私通,崔杼愤怒弑君,齐国太史如实记载了这件事,崔杼为了保全名声,杀了太史。太史的弟弟继承太史一职,又如实记载,也被崔杼杀了。太史的第二个弟弟也坚持记载史事,崔杼无奈,只好放任他。这时,南史公手拿着竹简也赶来了:如果太史一家全死光了,他也要坚持记载。

　　2.董狐笔:历史典故。春秋时,晋灵公昏庸无道,赵盾多次劝阻无效,反被灵公仇恨,被迫逃亡。还未出国境,晋灵公就被赵穿杀害。赵盾听到后,返回晋国,拥立赵穿为王,自己又重新登上相位。太史令董狐认为赵盾身为相国,逃亡却不出境,返国却不讨伐弑君之贼,所以在史书中称赵盾为弑君主谋。

　　3.张良椎:历史典故。张良曾派一名勇士用大铁锤偷袭秦始皇。

　　4.严将军头:历史典故。三国时张飞攻打江州,太守严颜不降而战,对张飞说:"只有断头将军,没有投降将军。"后来以"严将军头"来表现坚强不屈、大义凛然的精神。

　　5.嵇侍中血:历史典故。嵇绍为嵇康之子,官至西晋侍中。当时国家内乱,朝廷军队战败,晋惠帝受伤,百官及侍卫纷纷溃逃,只有嵇绍挺身保卫皇帝,在战乱中,嵇绍死在惠帝的身旁,血溅到惠帝的衣服上。战事平息后,侍从要洗惠帝的衣服,惠帝说:"此嵇侍中血,勿去。"后来以"嵇侍中血"指忠臣之血。

6.张睢阳齿:历史典故。唐代安禄山叛乱,张巡誓死守卫睢阳城,每战大呼,皆裂血流,齿牙皆碎,后因以为忠义的典型。

7.常山舌:历史典故。唐代安禄山叛乱,常山太守颜杲(gǎo)卿因城陷被俘,骂不绝口,安禄山割了他的舌头,颜杲卿乃大骂不止,直至气绝。后以"常山舌"表现宁死不屈的精神。

8.辽东帽:历史典故。三国著名隐士管宁学问与德行都很高尚,避乱于辽东,拒绝征聘,甘守清贫。因为管宁常戴一顶黑色帽子,所以后人用"辽东帽"指清高的节操。

9.渡江楫:历史典故。东晋祖逖统兵北伐,渡江中流,拍击船桨发誓道:如果不能收复中原,驱逐敌寇,就如这滔滔江水,一去不返。后以"渡江楫"来表示出征宣誓。

10.击贼笏:历史典故。唐德宗时,将领朱泚(cǐ)谋反,召段秀实议事,段秀实当场以笏板击朱泚,旋即被杀。后来以"击贼笏"称颂忠烈或正气凛然。

11.钟仪:春秋时楚国人,古琴演奏家。楚郑交战时,钟仪被郑国俘虏,献给了晋国。在晋国,钟仪只弹楚国的音乐,不忘自己的民族。

第四十六课
山坡羊·潼关怀古

张养浩

峰峦如聚,波涛如怒,

山河表里潼关路。

望西都,意踌躇。　西都:长安,秦与西汉的都城。踌躇:心事重重,徘徊
　　　　　　　　不前。

伤心秦汉经行处,

宫阙万间都做了土。　宫阙:古时帝王所居住的宫殿。

兴,百姓苦。

亡,百姓苦。

译文

华山的峰峦像是从四面八方会聚而成,黄河的波涛似发怒般汹涌。

潼关古道内接华山,外连黄河。

遥望古都长安,思潮起伏。

令人伤心的是秦汉曾创造的辉煌,

万间宫阙都已化为尘土。

一朝兴盛,百姓受苦。

一朝灭亡,百姓还是受苦。

元代,独领风骚的是元曲。元曲包括剧曲与散曲:剧曲是指舞台表现所用的杂剧的曲辞;散曲则是继诗、词之后兴起的新诗体,代表了元代诗歌创作的最高成就。散曲,元人称为"乐府"或"今乐府"。

这首散曲是张养浩在陕西赈饥时所作,它最为人称道的,是一针见血地揭示朝代兴亡的实质意义,只是统治者的权力更替,百姓都一样被剥削,生活都一样受苦。

国学常识

1.山坡羊:曲牌名。

2.潼关:古代关隘名,是陕西的东大门,连接西北、华北、中原的军事要道,有黄河和华山两大天然屏障,位于今陕西省渭南市潼关县内。

第四十七课

青衫湿遍·悼亡

纳兰性德

青衫湿遍，

凭伊慰我，忍便相忘。　伊：表示第三人称，多指女性"她"。

半月前头扶病，　扶病：带病勉强做事。

剪刀声，犹在银釭。　釭：油灯，音 gāng。

忆生来，小胆怯空房，

到而今，独伴梨花影，

冷冥冥，尽意凄凉。

愿指魂兮识路，教寻梦也回廊。

咫尺玉钩斜路，　咫尺：比喻距离很近。咫：音 zhǐ。玉钩斜：扬州地名，隋代埋葬宫女的墓地，这里指亡妻灵寝所在地。

一般消受，蔓草残阳。　消受：忍受。蔓草：蔓延滋生的草。

判把长眠滴醒，　判：通"拚"，甘愿，音 pàn。

和清泪，搅入椒浆。　和：掺和，音 huò。椒浆：古时用以祭奠之酒，浸椒于其中。

怕幽泉，还为我神伤。　幽泉：墓穴，代指亡妻。

道书生簿命宜将息，　将息：休息，保重。

再休耽，怨粉愁香　耽：沉溺。怨粉愁香：为儿女情而伤感。

138

料得重圆密誓,难禁寸裂柔肠。

 译　文

青衫上下全被泪水打湿,

过去全依靠着你来安慰我,怎么忍得下心忘记。

半个月前,你还带病勉强做事,

你剪灯花的声音仿佛还回荡在银灯旁。

回想起来,你生性胆小,害怕独守空房,

而如今你却独自伴着梨花影,

在那冷冷幽暗的灵柩里,受尽了凄凉。

我愿为你的灵魂指路,让你的魂魄再一次到这回廊。

我与你的灵寝近在咫尺,

一样地在忍受着这荒野和残阳。

我愿把你从长眠中叫醒,

用我的热泪,和着祭祀的酒浆。

可是怕你醒来后还继续为我劳神心伤。

你定然会说:你这书生的命太薄,应多多保重,

不要再沉溺于儿女情长。

但我一想到你我曾有过的白头偕老的密誓,就忍不住寸断肝肠。

 理　解

　　这首词的内容是纳兰性德追悼亡妻卢氏。纳兰与妻子卢氏伉俪情笃,然而婚后三年,卢氏因难产病逝,当时纳兰年仅二十三岁,这无疑给本就感情细腻的纳兰

一个沉重的打击。妻子的离去,影响了纳兰的一生,形成了他独特的悼亡心境,这一心境也使得纳兰词独树一帜。这首词既表达了对妻子的思念,爱妻新丧,伤心欲绝,泪如泉涌,也发出知己难再、内心孤独的心声。

《青衫湿遍》这一词牌为词人自创,这首词也是他纪念亡妻所作的数十首悼亡词中的一首。悼亡词在中国古典诗歌中由来已久,但集大成者无疑是纳兰性德。

国学常识

1.纳兰性德:清代著名词人,原名成德,因避讳改名性德,字容若,又称纳兰容若,号楞伽山人。满洲正黄族人,太傅明珠长子,康熙进士,官至一等侍卫,三十岁早逝。

第四十八课
蝶恋花·出塞

纳兰性德

今古河山无定据，

画角声中，牧马频来去。　画角：古代的一种管乐器，出自西羌，其声高亢
　　　　　　　　　　　　　　哀厉，多在军中使用。

满目荒凉谁可语，

西风吹老丹枫树。　丹：红色。

从前幽怨应无数，

铁马金戈，青冢黄昏路。　铁马金戈：比喻战争。冢：坟墓，音 zhǒng。

一往情深深几许，　几许：多少。

深山夕照深秋雨。

译文

古往今来，江山社稷的兴亡实无定数，

在画角的悲鸣中，曾经无数的战马在这里拼杀驰骋。

一眼望去，这无边的荒凉，可以与谁诉说，

只有那被西风吹老了的鲜红枫树。

从前这里积蓄着无数深厚的幽怨，

战争频发，黄昏下，只见青草飘扬的昭君墓。

一往情深究竟有多深，

犹如夕阳斜照在深山中，洒下深沉的秋雨。

理　解

这是一首塞上怀古词，词中表现了词人对历史兴亡更替的通透见解，表达了对战乱的无奈与人间沧桑的感慨。

词兴起于隋唐，至宋而蔚为大观，到了明代，逐渐衰落，至明末清初，又出现中兴的势头。清初词坛，流派纷纭，风格竞繁。其中著名满族词人纳兰性德独树一帜，其词真挚自然，婉丽清新，运笔如行云流水。纳兰性德也因此与曹贞吉、顾贞观合称"京华三绝"。

国 学 常 识

1.曹贞吉：字升六，又字升阶、迪清，号实庵，清代著名诗词家，被誉为清初词坛上"最为大雅"的词人，代表作《珂雪集》。

2.顾贞观：字远平、华峰，清代诗词家，词作主要保存在《弹指词》中。

第四十九课
捕蝗曲

袁 枚

亟捕蝗！亟捕蝗！ 亟：急切，音 jí。

沭阳已作三年荒。 沭阳：地名，今江苏宿迁市。沭：音 shù。

水荒犹有稻，蝗荒将无粱。 粱：粟，小米。

焚以桑柴火，买以柳叶筐。

儿童敲竹枝，老叟围山冈。

风吹县官面似漆，太阳赫赫烧衣裳。 赫赫：形容干旱时燥热之状。

折枝探鷇虑损德，惟有杀汝为吉祥！ 鷇：待哺食的雏鸟，音 kòu。

我闻苛政猛于虎，蠹吏虐于蝗， 蠹吏：像蛀虫一样害民的官吏。蠹：蛀虫，音 dù。

又闻刘昆贤令蝗不入，刘澄剪秽蝗为殃。

尔今蠕蠕声触草， 蠕蠕：虫子蠕动的样子。蠕：音 rú。

得毋邑宰非循良？ 得毋：岂不是，莫非是。

击土鼓，祀神蝗， 土鼓：古代的一种乐器，以陶土为框，两面蒙皮。

椒浆奠兮歌琅琅。 椒浆：用花椒浸制的酒。琅琅：清朗响亮的声音。琅：音 láng。

紫烟为我凌苍苍，皇天好生万物仰， 凌：升。苍苍：深青色，天的颜色，代指青天。皇天：对天的尊称。

蛇头蝎尾何猖狂!　蛇头蝎尾:蛇的毒在头上的牙,蝎的毒在尾上的刺,泛指毒害人的东西。

霹雳一声龙不起,反使九十九子相扶将。　扶将:扶持,搀扶。

狼如狼,贪如羊,

如虎而翼兮,如云之南翔。

安得今冬雪花大如席,入土三尺俱消亡!

毋若长平一坑四十万,腥闻于天徒惨伤。

蝗兮蝗兮去此乡,东海之外兮草茫茫,

无尔仇兮乐何央!　央:尽头。

毋餐民之苗叶兮,宁食吾之肺肠!

译 文

快点捉蝗虫啊! 快点捉蝗虫啊!

沭阳的百姓连续三年遭遇蝗虫灾荒。

旱灾时尚且有稻,蝗灾发生没有余粮。

焚烧桑柴来熏赶蝗虫,购买柳叶筐捕捉来装。

儿童挥舞着竹枝,老人围剿蝗虫冲上山冈。

大风吹得县官的脸红彤彤,天气炎热得好像烧着了衣裳。

虽然折断树枝杀死幼虫会损害德行,但只有杀尽了蝗虫才能保得百姓吉祥!

我听说苛刻的政治比老虎凶猛,害人的官吏比蝗虫残暴,

还听说有刘昆这样贤能的县令,蝗虫不敢入侵,刘澄除去污秽,令蝗虫遭殃。

如今沭阳到处是蝗虫在草丛中蠕动的声音,

难道说这个县令不是廉政为民的官吗?

敲击土鼓,祭祀蝗神,

用花椒酒祭奠,歌声响亮。

紫烟替我向上天传达心愿,愿苍天爱护生命,令万物敬仰,

让这些害虫不再猖狂!

霹雳一声,真龙未现,反而出现了成群结队的蝗虫。

这些蝗虫如狼一般凶狠,如羊一般贪吃,

如虎添翼,如云乘着风向南飞翔。

今年冬天怎能得到如席般的大雪呢,让冰雪渗入土地三尺,让蝗虫全部消亡!

不要像秦兵在长平坑杀四十万赵军一样,望着满天的血腥,只能徒自伤悲。

蝗虫啊! 蝗虫啊! 离开这里吧,东海之外有辽阔的草场,

没有你这个仇敌,我们的生活多欢畅!

不要来吃百姓的稻谷,宁可来吃我的肺肠!

理 解

这篇诗文出自《小仓山房诗集》,作者袁枚。袁枚,字子才,号简斋,晚年自号仓山居士、随园主人、随园老人,清代乾嘉时期的诗人、散文家、文学评论家和美食家。

袁枚曾在沭阳担任县令,在任期间,沭阳遭遇蝗虫灾害,诗文正是由此而感发。诗人因为蝗灾而自责,宁愿牺牲自己,也不愿百姓挨饿,从中可以看出袁枚有一颗关心民生、体恤民情的仁爱之心。

国 学 常 识

1.刘昆:汉代贤吏,所管辖地区连年火灾,刘昆向火叩头,祈求降雨止风,事迹见于《后汉书·儒林列传》。

2.刘澄：南朝贤吏,爱干净,让百姓打扫全城,路边没有杂草,也没有虫子遗留下来的粪便,事迹见于《南史·儒林列传》。

3.循吏：与酷吏相对,指信奉儒家思想治理百姓、清廉爱民的官员。

4.长平之战：战国时,秦国与赵国在长平交战,秦国获胜,坑杀赵军四十余万人。

第五十课

子才子歌
示庄念农

袁 枚

子才子,颀而长, 子才:作者的字,袁枚,字子才。颀:身体修长,音 qí。

梦束笔万枝,为桴浮大江, 桴:小竹筏,音 fú。

从此文思日汪洋。

十二举茂才, 茂才:秀才。东汉时为避光武帝刘秀名讳,改秀才为茂才。

二十试明光, 明光:汉代宫殿名,此处借指作者二十一岁时到京师保和殿参加博学鸿词试。

廿三登乡荐, 廿:二十的简写,音 niàn。乡荐:科举考试被录取,中了举人。

廿四贡玉堂。 玉堂:汉代宫殿名,此处借指作者二十四岁中进士入翰林院。

尔时意气凌八表,海水未许人窥量, 八表:八方以外,指极远的地方。

自期必管、乐,致主必尧、汤。

强学佉卢字, 佉卢字:古印度的一种文字,此借指满文。佉:音 qū。

误字灵宝章, 灵宝章:道教文章。灵宝:指道教经书《灵宝经》。

改官江南学趋跄。 趋跄:步履有节奏的样子,指做官应酬。跄:音 qiāng。

一部《循吏传》,甘苦能亲尝。

至今野老泪簌簌,颇道我比他人强。 野老:乡野老人。簌簌:形容流泪的样子。簌:音 sù。

投帻大笑,善刀而藏,   投帻:丢掉头巾,比喻弃官。帻:古代的头巾,音 zé。

歌《招隐》,唱迷阳,   迷阳:一种生长于山野的棘刺,比喻世路艰难。

此中有深意,晓人难具详。

天为安排看花处,清凉山色边小仓,

一住一十有一年,萧然忘故乡。   萧然:闲远空寂的样子。

不嗜音,不举觞,   觞:古代的酒杯,音 shāng。

不览佛书,不求仙方,

不知《青乌经》几卷,

不知摴蒲齿几行。   摴蒲齿:古代一种赌博游戏所用的骰子。摴:音 chū。蒲:音 pú。

此外风花水竹无不好,

搜罗鸡碑雀箓盈东箱,   鸡碑:泛指名人碑帖。雀箓:泛指珍贵文献。箓:音 lù。

牵鄂君衣,聘邯郸倡,   鄂:音 è。

长剑陆离,古玉丁当。   陆离:形容色彩绚丽繁杂。

藏书三万卷,卷卷加丹黄,   丹黄:书籍上的点校。古代点校书籍,用朱笔书写,遇误字用雌黄涂抹,合称"丹黄"。

栽花一千枝,枝枝有色香。

六经虽读不全信,勘断姬、孔追微茫。   勘断:核对,判断。微茫:模糊隐约的样子,形容玄远的道理。

眼光到处笔舌奋,   笔舌:笔和舌都可以用来表达思想和意念,借指意旨、思想。

书中鬼泣鬼舞三千场。

北九边,南三湘,   九边:泛指北部边疆。三湘:泛指湘江流域。

向、禽五岳游,贾生万言书,

平生耿耿罗心肠。   耿耿:诚信守节的样子。罗:广布,包罗。

一笑不中用,两鬓含轻霜,

不如自家娱乐敲宫商。

骈文追六朝,散文绝三唐。

不甚喜宋人，双眸不盼两庑旁，　　两庑：堂下东西走廊，借指孔庙廊屋。
　　　　　　　　　　　　　　　　　庑：音 wǔ。

惟有歌诗偶取将。

或吹玉女箫，绵丽声悠扬，

或披九霞帔，白云道士装，　　霞帔：道士的衣服，其上有彩霞花纹。帔：
　　　　　　　　　　　　　　　音 pèi。

或提三军行古塞，碧天秋老吹甘凉，　　提：率领，调遣。

或拔鲸牙敲龙角，齿牙闪烁流电光。

发言要教玉皇笑，摇笔能使风雷忙。

出世天马来西极，入山麒麟下大荒。

生如此人不传后，定知此意非穿苍。

就使仲尼来东鲁，大禹出西羌，

必不呼子才子为今之狂。

既自歌，还自赠，终不知千秋万世后，

与李、杜、韩、苏谁颉颃，　　颉颃：不相上下，相抗衡，音 xié háng。

大书一纸问蒙庄。

译　文

我呀，身材修长，

在梦中，捆上万支笔，扎成竹筏渡大江，

从此文思日日如汪洋。

十二岁中秀才，

二十岁面试于殿堂，

二十三岁中举人，

二十四岁跻身翰林榜。

那时意气风发，志大如海，好像无人能衡量，

自认为功业可以比拟管仲、乐毅,辅助君王可直追尧与商汤。

勉强学习满族文字,

却不小心写了道教文章,

被外放到江南做官,学着迎送上司步履忙。

一部《循吏传》,其中甘苦亲自尝。

至今百姓感恩泪汪汪,颂扬我比他人强。

抛去官帽,仰天大笑,快刀用过,自敛锋芒,

长歌归隐诗,高唱迷阳曲,

此中自有深意在,难与外人道周详。

上天为我安排了好去处,就在与清凉山连接的小仓山中,

我在那一住住了十一年,出世般的生活让我忘记了故乡。

我不爱音乐,不喜饮酒,

佛法不修,长生不求,

不知风水著作《青乌经》有几卷,

也不懂博戏骰子有什么花样。

却对风花水竹无不爱好,

搜罗碑帖书画装满了东厢房。

手牵美男子的衣服,聘请邯郸艺人来歌舞,

腰悬着长剑,闪闪发光,佩戴着古玉,声响叮当。

家里藏书三万卷,卷卷精心去校点,

园中栽花一千枝,枝枝色美味芬芳。

我读"六经",未能全信,考定周公孔子,探求微言大义。

如有思想发现,奋笔直书,

鬼哭鬼舞三千场于书中尽激昂。

北至九边,南到三湘,

想当时,向长、禽庆俱游五岳名山,贾谊挥毫写万言,

平生忠心耿耿,充满心肠。

可笑虚名不中用,两鬓几许白发如轻霜,

不如在家自娱乐,拿来诗文细考详。

骈文远可追六朝,散文冠绝于三唐。

不大喜欢宋人模样,不去羡慕圣人庙堂,

但对宋诗也偶尔学几行。

有的仿佛玉女吹箫,柔丽婉转声悠扬,

有的好像道士身披九霞装,簇拥在云上,

有的如同三军出征古边塞,蓝天下深秋时吹奏着《甘州》《凉州》,

有的又像拔鲸牙、敲龙角,齿牙闪烁,疾速电光。

吟诗可令玉皇大帝开口笑,下笔能让风伯雷公齐奔忙。

又似西极的骏马从天外而来,又如麒麟入山归大荒。

如此人物不传世,旨意定非出上苍。

即使孔子于山东再降世,大禹重生自西羌,

定然不会认为我猖狂。

自作歌,赠自己,终究不知千秋万代之后,

谁能与李白、杜甫、韩愈、苏轼共名扬,

写作此文,请教蒙庄。

理　解

本篇诗文出自《子才子歌示庄念农》,作者袁枚。这是一篇作者的小传,更是他人生态度的宣言。

袁枚生活通脱放浪,个性独立不羁,具有反叛传统的色彩。他宣扬性情至上,强调情为诗文的核心,认为"诗言志,言诗之必本乎性情也"。袁枚论诗崇尚性灵,强调性情、个性与诗才,是清代性灵诗的主要代表。他的性灵诗对传统加以怀疑和否定,对生命高度尊重,对生命自主强烈诉求,是时代精神的凝结与体现,风靡一时。

国 学 常 识

1.庄念农:袁枚的好友,乾隆二年(公元 1737 年)进士。

2.管仲:字夷吾,春秋时齐国名相。

3.乐毅:字永霸,战国时燕国名将。

4.《循吏传》:关于循吏的传记,史书中多有记载。循吏与酷吏相对,指受儒家思想影响、清正廉洁、重教爱民的官吏。

5.《招隐》:西晋诗人陆机的一首诗,表达了诗人对仕途生涯的厌恶和对隐士生活的向往。

6.《青乌经》:古代风水堪舆学著作。

7.鄂君:春秋时楚王的母弟,越国人作《越人歌》赞美他的美貌,后作为美男子的通称。

8.邯郸倡:泛指战国时赵国唱歌跳舞的艺人。邯郸,战国时赵国都城,相传赵地多美人。

9.周公:姓姬,名旦,周文王的第四子,西周初期杰出的思想家、政治家,被尊为儒家先驱。

10.向长:字子平,汉代隐士,相传与好友北海禽庆一道游五岳名山,最后不知所终。

11.骈文:一种文体的名称,起源于汉、魏,形成于南北朝,以双句为主,讲究对仗和声律。

12.三唐:初唐、盛唐、晚唐合称"三唐",即整个唐代。